数据分析与应用新形态系列教材

Business Data Analysis and Visualization with Power BI

Power BI
商业数据分析与可视化

孟庆娟 李刚◎主编

赵欣 赵小男 王世忠◎副主编

微课版

人民邮电出版社

北 京

图书在版编目（CIP）数据

Power BI商业数据分析与可视化：微课版 / 孟庆娟，
李刚主编. -- 北京：人民邮电出版社，2023.2
数据分析与应用新形态系列教材
ISBN 978-7-115-59936-0

Ⅰ. ①P… Ⅱ. ①孟… ②李… Ⅲ. ①可视化软件一应
用一商业信息一数据处理一教材 Ⅳ. ①F713.51-39

中国版本图书馆CIP数据核字(2022)第156463号

内 容 提 要

本书以商业数据分析的流程为主线，基于微软公司推出的智能商业数据分析软件 Power BI，系统地介绍了商业数据分析与可视化的主要内容及常用的分析方法。全书共 8 章，包括商业数据分析概述、商业数据的输入和导入、商业数据预处理、商业数据分析模型、商业数据可视化、Power BI 商业数据分析报表、Power BI 在线服务、Power BI 商业数据分析综合案例。

为了方便教学，我们为使用本书的教师提供了丰富的教学资源，包括教学大纲、电子教案、PPT 课件、源代码、课后习题答案、题库及试卷系统等。如有需要，请登录人邮教育社区（ryjiaoyu.com）搜索书名获取相关教学资源。

本书不仅可以作为高等院校电子商务、工商管理、会计、国际经济与贸易等专业相关课程的教材，也可以作为数据分析师或产品运营师等从业者的参考书。

◆ 主　　编　孟庆娟　李　刚
　　副 主 编　赵　欣　赵小男　王世忠
　　责任编辑　孙燕燕
　　责任印制　李　东　胡　南

◆ 人民邮电出版社出版发行　　北京市丰台区成寿寺路 11 号
　　邮编　100164　　电子邮件　315@ptpress.com.cn
　　网址　https://www.ptpress.com.cn
　　保定市中画美凯印刷有限公司印刷

◆ 开本：787×1092　1/16
　　印张：13.5　　　　　　　　　2023 年 2 月第 1 版
　　字数：328 千字　　　　　　　2025 年 6 月河北第 9 次印刷

定价：49.80 元

读者服务热线：**(010)81055256** 印装质量热线：**(010)81055316**
反盗版热线：**(010)81055315**

随着"大数据时代"的到来，社会商业环境发生了剧烈变化，商业数据的规模也在飞速扩大。在高等院校电子商务、工商管理、会计等经济管理类专业的教学与人才培养中，数据分析已成为学生重要的必修技能课程之一，数据分析技能的培养也成为高等院校提升人才复合技能，适应社会发展需要的重点发力方向；在企业中，无论是领导层、管理者，还是专业的数据分析人员，甚至一线的业务人员，都面临着分析海量数据的压力。有实践经验的数据分析人员已成为企业的热门选择。数据分析几乎成为未来每个职场人士的必备技能。

微软公司旗下 Power BI 软件的出现，让数据分析的自动化、高效化与智能化成为可能。Power BI 整合了 Power Query、Power Pivot、Power View 等一系列工具，可以让用户简单快捷地从不同类型的数据源导入数据、编辑和整理数据、创建数据模型、实现可视化效果来完成有价值的交互式数据分析，并根据需要与他人共享分析结果。

Power BI 已成为最基本与最常见的数据分析工具之一，其功能非常强大，几乎可以完成日常工作中所有的数据分析工作。本书结合商业数据对 Power BI 的功能进行讲解。通过学习本书，读者可以掌握 Power BI 的多种操作方法和技巧，并在深刻理解各业务场景的基础上，逐步培养自己的专业化数据分析能力。

本书根据高等院校电子商务、工商管理、会计、国际经济与贸易等相关专业对于学生的能力培养目标，以及目前商业数据分析市场对数据分析师岗位的职业技能要求编写而成。通过对众多院校相关课程的教学目标、教学方法、教学内容等多方面的调研，编者有针对性地设计并编写了本书。本书特色如下。

（1）**精心编排，门槛较低**。本书在内容的编排上，充分考虑学生的接受能力，不求多、不求全，选择 Power BI 中必备、实用的知识进行讲解。作为常用的数据分析与可视化工具之一，Power BI 完美融合了 Excel 的功能，其在操作上与 Excel 也极为类似，这使学生无须具备太多的技术基础，只要跟随本书的知识讲解即可轻松上手。

（2）**一线教师执笔，专业讲解**。本书由具有 Power BI 商业数据分析研究与实战经验的一线教师执笔，将复杂难懂的软件技能通过专业的体系结构和深入浅出的讲解，变成学生能够轻松阅读和上手操作的内容，具有很强的指导性与实用性。

（3）**体系完整，逻辑性强**。本书以商业数据分析的流程为主线，从理论基础、操作逻辑、分析方法等多个不同维度，系统地介绍了商业数据分析与可视化的主要知识及常用的操作方法，知识体系完整且具有较强的逻辑性。

（4）**案例主导，注重实操**。本书以学生的能力培养为目标，立足于商业数据分析的实际需求，通过大量案例的讲解、分析，让学生真正掌握 Power BI 商业数据分析的方法与技巧。同时，本书还提供所有案例的素材（包括原始文件和最终效果），让学生在实操练习中真正掌握所学内容。

（5）**图解教学，清晰直观**。本书采用图解教学的方法，一步一图，标注清晰，让学生在学习的过程中能更清楚、更直观地掌握操作过程与方法，从而提高学习效果。

（6）**体例灵活，解疑指导**。本书体例灵活、内容丰富，每章设置了"小贴士""知识链接"等模块，帮助学生解决在学习过程中遇到的难点和疑问，同时设置"拓展阅读"模块对技能素养知识进行讲解。每章章末设置了"章节实训"和"思考与练习"模块，让学生在学习各章知识后，进一步练习和巩固重难点内容。

本书由孟庆娟、李刚担任主编，赵欣、赵小男、王世忠担任副主编。尽管编者在本书的编写与出版过程中力求精益求精，但由于时间有限，书中难免有疏漏和不妥之处，恳请广大读者不吝批评指正。

编　者

2022 年 8 月 10 日

为了方便教学，我们为使用本书的教师提供了丰富的教学资源，包括教学大纲、电子教案、PPT 课件、源代码、课后习题答案、题库及试卷系统等。如有需要，请登录人邮教育社区（ryjiaoyu.com）搜索书名获取相关教学资源。

本书教学资源及数量如表 1 所示。

表 1 　　　　　　　　　　　　　　　　教学资源及数量

编号	教学资源名称	数量
1	教学大纲	1 份
2	电子教案	1 份
3	PPT 课件	8 份
4	源代码	8 份
5	课后习题答案	8 份
6	题库及试卷系统	1 套

本书作为教材使用时，课堂教学建议安排 24 学时，实验教学建议安排 12 学时。各章主要内容和学时安排如表 2 所示，教师可根据实际情况进行调整。

表 2 　　　　　　　　　　　　　　　　主要内容及学时安排

章序	主要内容	课堂学时	实验学时
第 1 章	商业数据分析概述	2	1
第 2 章	商业数据的输入和导入	3	1
第 3 章	商业数据预处理	4	2
第 4 章	商业数据分析模型	4	2
第 5 章	商业数据可视化	4	2
第 6 章	Power BI 商业数据分析报表	3	1
第 7 章	Power BI 在线服务	2	1
第 8 章	Power BI 商业数据分析综合案例	2	2
学时总计		24	12

为了帮助学生更好地使用本书，我们精心录制了配套的教学视频。书中的实战案例中都添加了二维码，学生扫描书中二维码即可观看微课视频。微课视频的名称及页码如表 3 所示。

表 3 　　　　　　　　　　　　　　微课视频名称及页码

章节	微课视频名称	页码	章节	微课视频名称	页码
2.2	在 Power BI Desktop 中输入数据	22	5.5.2	创建表	128
2.3.1	导入 Excel 数据	25	5.5.3	创建箱线图	130
2.3.2	导入 Web 数据	26	5.6.2	创建仪表图	133
2.3.3	导入 MySQL 数据库数据	29	5.6.3	创建卡片图	134
3.2.2	数据集成的实现方法	40	5.6.4	创建 KPI 图	135
3.3.2	数据清洗的实现方法	53	5.6.5	创建子弹图	137
3.4.2	数据转换的实现方法	60	6.2.3	添加文本框	152
3.5.2	数据归约的实现方法	65	6.2.3	添加形状	153
4.3.2	自动检测创建关系	86	6.2.3	添加图像	154
4.3.3	手动创建关系	87	6.3.2	编辑交互	156
4.3.4	编辑和删除关系	88	6.3.3	筛选器	158
4.4.1	创建计算表	90	6.3.4	切片器	161
4.4.2	创建计算列	92	6.4.2	添加书签	163
4.4.3	创建度量值	95	6.4.3	书签放映	165
4.4.4	创建层次结构	97	6.4.4	形象化的形状和图片关联书签	166
5.2.2	创建柱形图	108	6.4.5	聚焦模式和焦点模式	168
5.2.3	创建条形图	111	6.4.6	视觉对象可见性	170
5.2.4	创建雷达图	113	6.5	商业数据分析报表发布	171
5.2.5	创建漏斗图	115	7.2.2	新建仪表板	180
5.3.2	创建饼图	117	7.2.2	创建磁贴	181
5.3.3	创建环形图	118	7.2.2	编辑磁贴	184
5.3.4	创建树状图	120	7.2.2	使用自然语言问答	185
5.3.5	创建瀑布图	121	7.2.2	添加注释	188
5.4.2	创建散点图	124	7.3.1	工作区介绍	189
5.4.3	创建折线图	125			

目录

第 **1** 章　商业数据分析概述

当今时代是"大数据时代",数据思维或者数据分析能力已成为这个时代不可或缺的能力之一,每个人都应该知道数据分析的重要性。商业数据分析人员不仅要向管理部门提供一系列的数据,还要深入研究、分析以及挖掘数据,并以用户更能理解的形式展示这些数据,即数据的可视化呈现。数据分析与可视化的工具有很多,Power BI 就是比较常用的一种强大的自助式商业智能分析工具,它不仅是一个软件、一个商业数据分析工具,还提供了一整套解决方案。

学习目标

1. 了解商业数据分析的概念
2. 了解商业数据分析的作用
3. 掌握商业数据分析的流程
4. 了解Power BI 的基础知识
5. 熟悉Power BI Desktop 主界面的内容
6. 熟悉Power BI Desktop 视图的内容
7. 熟悉Power BI 窗格的内容
8. 掌握下载并安装 Power BI Desktop 的方法

1.1　认识商业数据分析

【内容概述】

在商业数据分析领域,数据分析技能被认为是从业人员需要具备的技能之一。数据分析技能的掌握是一个循序渐进的过程,本节将针对商业数据分析的概念、作用和流程进行介绍,学习本节内容是学习商业数据分析的第一步。

【重点知识】

一、商业数据分析的概念及作用　　二、商业数据分析的流程

1.1.1　什么是商业数据分析

商业数据分析以商业理论为基础,从数据分析出发,依靠分析工具,以决策优化为目的,洞察数据背后的规律,为商业创造最大的价值。可以说商业数据分析是为了提取有用信息和形成结论而对数据加以详细研究和概括总结的过程。

广义商业数据分析分为狭义商业数据分析和数据挖掘。广义商业数据分析是指根据一定的目标,通过统计分析、分类、聚类、预测等方法从大量数据中发现信息的过程。狭义商业

数据分析是指用适当的统计分析方法对收集的大量数据进行分析，将它们加以汇总和理解，

获得指标统计量，以求最大化地开发数据的功能，发挥数据的作用。数据挖掘是指从大量的、不完全的、有噪声的、模糊的、随机的实际应用数据中，通过聚类或模型化处理等方法，获取隐含在其中的、事先不知道的、但又是有用的数据信息的过程。图 1-1 所示为广义商业数据分析的概念结构图。

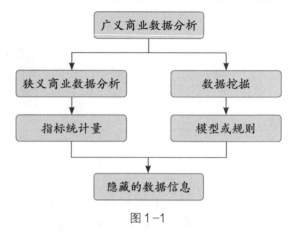

图 1-1

商业数据分析的优势几乎无法计算或量化，简单地说，商业数据分析能让企业决策者知道企业面临的问题，并以有效的方式去解决问题。商业数据本身仅仅是事实和数字，

数据分析师通过寻找数据规律，将数据呈现为针对业务问题的有用信息。然后，决策者可以依据这种有用信息采取行动，以提高生产力和增加业务收益等。

1.1.2　商业数据分析的流程

商业数据分析的根本目的是洞察数据背后的规律，基于此，企业可以进行决策并采取相应的措施和行动，进而得到想要的结果。这是商业数据分析的最大价值。

那么，在面对海量的商业数据时，该从何入手呢？怎么判断先做什么、后做什么呢？其实，商业数据分析已经逐渐演化为一种解决问题的过程，或者说是一种方法论。虽然每个企业或者每个数据分析师都会根据各自的需求创建适合自己的数据分析流程，但是商业数据分析的核心步骤几乎是一致的。

下面介绍商业数据分析的流程。商业数据分析包括需求分析、数据获取、数据预处理、数据分析、数据呈现、数据报表 6 个步骤，如图 1-2 所示。

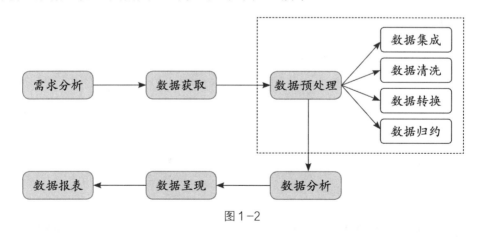

图 1-2

1. 需求分析

明确商业数据分析（以下简称"数据分析"）的需求是确保商业数据分析过程具有有效性的首要条件，它可以为数据的采集和分析提供清晰的目标。在进行商业数据分析之前，数据

分析师需要与数据分析的需求者反复沟通，明确数据分析的目的和需要解决的问题。只有深刻理解数据分析的需求，才能整理出完整的数据分析框架和思路。

2．数据获取

数据获取是数据分析的前提，其工作效率的高低以及数据质量的好坏将直接影响数据分析的成败。商业数据的获取是根据分析需求和框架内容，有目的地获取和整合相关数据的过程，它是商业数据分析的基础。具体的数据获取渠道可参见 2.1 节中介绍的数据来源相关内容。

在数据获取前，数据分析师要做好充分的准备工作，对获取数据的内容、渠道和方法等进行规划。应该考虑到：①将分析需求转化为数据需求；②明确由谁在何时、何地，通过何种渠道和方法进行数据的获取工作；③使用合适的媒介对获取的数据进行记录；④采用合适的保护措施，防止已获取的数据的丢失或破坏。

3．数据预处理

数据预处理是对获取的数据进行加工、整理，以便进一步开展数据分析的过程。它是数据分析前必不可少的步骤。在数据分析过程中，很多人都会忽略这一步骤，在获取数据后直接开始分析，从而导致分析结果不准确，甚至得不到想要的结果。

数据预处理在整个数据分析过程中是最耗时间的，但也在一定程度上保证了数据的质量。为了确保数据分析的顺利进行和数据分析结果的准确性，对数据进行预处理是必不可少的。数据预处理主要包括 4 部分内容：数据集成、数据清洗、数据转换和数据归约。

① 数据集成。数据集成的本质是实现不同数据源之间的数据交换，并且在交换过程中可进行数据整理与转换，主要解决数据的分布性和异构性的问题。具体内容可参见 3.2 节。

② 数据清洗。获取到的数据一般不可以直接使用，可能会有一部分"脏数据"，如不完整数据、含噪声数据和不一致数据。如果不处理，它们将会影响分析结果。因此，数据分析师在分析前需要对数据进行预处理，如果发现"脏数据"则必须进行清洗。具体内容可参见 3.3 节。

③ 数据转换。数据转换就是将数据从一种格式或结构转换为另一种格式或结构，从而构成一个适合数据处理与分析的描述形式。数据转换的目的是将数据转换为更方便分析的数据。具体内容可参见 3.4 节。

④ 数据归约。在海量数据上进行复杂的数据分析需要很长的时间，为了提高数据分析的速度，数据分析师可以对数据进行归约处理，即在尽可能保持数据原貌的前提下，最大限度地精简数据量。具体内容可参见 3.5 节。

4．数据分析

数据分析是指通过一定的分析方法、手段和技巧，对收集并整理好的数据进行探索和分析，并从中发现规律与联系，为商业数据管理者进行决策提供参考依据的过程。在数据分析阶段，数据分析师要想实现对数据的洞察与分析，就需要掌握一定的数据分析方法和数据分析工具。

第一，数据分析师要熟悉常用的数据分析方法，了解诸如对比分析、分组分析、图形分析、时间序列分析、回归分析、方差分析、矩阵分析、SWOT 分析等分析方法的原理、应用范围、优缺点等；第二，数据分析师要熟悉常用的数据分析工具，如本书介绍的 Power BI，以便进行专业的统计分析。

5. 数据呈现

一般情况下，数据分析的结果都是通过图形化的方式呈现的，因此数据呈现也被称为数据可视化。由于数据可视化能通过视觉化方式快速抓住要点信息，成为信息传递的有效方式之一，因此数据分析师借助数据可视化工具，能够更直观、清晰地呈现自己的观点和建议等。

数据可视化工具有很多，本书介绍的是 Power BI，它自带的图表类型几乎能够满足日常工作中的数据可视化需要。具体内容可参见第 5 章。

6. 数据报表

根据数据分析的需求，得到分析结果并对其进行可视化后，数据分析师就需要对整个数据分析过程进行总结与呈现，即制作数据报表。数据报表是将一系列的数据分析结果以一定的逻辑，集中展示并阐述分析结论的报表。

通过数据报表，数据分析师可以把数据分析的目的、过程、结果和建议等完整地呈现出来，为相关人员提供参考。

拓展阅读	数据可视化
	随着大数据时代的到来，数据分析师在获取海量的数据后，需要对数据进行处理与分析，通过数据可视化将复杂的数据进行整理后呈现出来，为数据使用者获取数据信息提供了便利。而且，数据可视化并不是简单地将数据转换为图表，它不仅能够直观地呈现数据，而且可以通过视觉效果将数据的规律呈现出来，从而实现进一步的数据分析。将数据可视化后，数据使用者便可以在短时间内获取决策中可能需要的相关信息，从而更精准、更有效地做出决策，以便进一步发挥商业数据的价值。

1.2　认识 Power BI

【内容概述】

数据分析技能很重要，选对数据分析工具也同样重要。那么该选什么样的工具呢？首先，这个工具应该足够简单、易于使用；其次，也是必须的，它要功能强大、足够灵活。那么，选择自助式的商业智能分析工具最合适不过了，而微软（Microsoft）公司的 Power BI 就是这样的工具，它也是我们本书介绍的工具。先通过本节内容来认识一下 Power BI。

【重点知识】

一、Power BI 的概念　　　　　三、Power BI Desktop 的视图

二、Power BI Desktop 主界面　　四、Power BI 窗格

1.2.1　什么是 Power BI

Power BI 是微软公司（以下简称"微软"）开发的一套商业数据分析工具，它支持数百种数据源，可以建立模型，创建交互式报表和仪表板，让数据变得生动、美观。同时，它还

提供报表发布功能，供组织在网页版和移动版中使用，实现数据部署与共享。

其实，Power BI 不仅是一个商务智能（Business Intelligence，BI）软件、一个商业数据分析工具，还代表了一整套解决方案。从数据准备到建立模型，再到可视化呈现，用户都可以自助完成。与其他的自助工具相比，Power BI 具有如下特点。

（1）**操作界面熟悉，上手快**。Power BI 是微软开发的商业智能分析工具，可以很好地集成微软的 Office 办公软件，其操作界面与 Office 办公软件界面类似，用户很容易上手使用，从而提高工作效率。

（2）**软件免费安装，成本低**。相对于其他软件，成本低是 Power BI 的一大优势。它的核心组件 Power BI Desktop 是完全免费的，这意味着个人或中小企业可以低成本地使用 Power BI。

（3）**产品迭代更新，提升空间大**。Power BI 软件自身和与之搭配的可视化图表都在不断迭代更新，用户可在官网中看到对更新功能的讲解。用户在掌握基础操作后，还有很大的提升空间，有助于从事数据分析工作。

（4）**自然语言问答，见解多**。Power BI 可以实现自然语言问答，即通过自然语言查询，快速获得答案。这对于刚接触数据分析的读者来说，使数据分析与挖掘更加简便了。

下面我们先来认识一下 Power BI 的架构，了解 Power BI 的一些概念。

首先需要明确一点，Power BI 不仅指安装在计算机中的一个软件，也指一系列的软件服务和应用，主要由 Power BI Desktop、Power BI 在线服务（网页版）以及在移动设备上也可以使用的 Power BI 移动版组成。

Power BI Desktop 是 Power BI 的桌面应用程序，也被称为桌面版，它内置了数据查询、数据预处理、数据建模和数据可视化功能，可以创建可视化交互式报表。在 Power BI Desktop 中制作的报表可以在本地保存成扩展名为 .pbix 的文件，也可以发布到 Power BI 在线服务中。本书介绍和使用的主要也是 Power BI Desktop。

当用户将 Power BI Desktop 中制作的报表发布后，该报表就会显示在 Power BI 在线服务中，用户可以在浏览器中查看、分享和发布报表。

Power BI 移动版是适用于 iOS 和 Android 的移动应用程序。它可以让用户在移动设备上查看、跟踪数据，让每个用户获得"触手可及"的交互式数据报表，满足随时随地的移动办公需求。

Power BI 使用过程中的常见工作流：在 Power BI Desktop 中创建报表后，发布到 Power BI 在线服务中进行共享，这样 Power BI 移动版的用户可以随时随地查看报表，如图 1-3 所示。

Power BI Desktop　　　　Power BI 在线服务　　　　Power BI 移动版

图 1-3

1.2.2　Power BI Desktop 主界面

安装 Power BI Desktop 后，用户双击桌面图标即可启动并进入 Power BI Desktop，在弹出的开始界面登录账户。用户可以使用企业邮箱或学校邮箱注册账户，暂时不想注册可以直接跳过。大部分功能在用户不注册的情况下同样可以使用。关闭开始界面后，进入 Power BI Desktop 主界面，如图 1-4 所示。

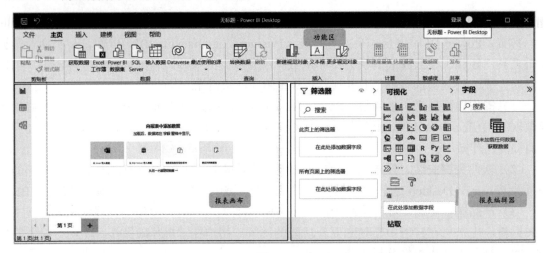

图 1-4

Power BI Desktop 主界面主要由功能区、报表画布、报表编辑器组成。

（1）**功能区**：主要包括【文件】、【主页】、【插入】、【建模】、【视图】、【帮助】等选项卡（不同版本会有所不同），每个选项卡下都包含多个组，每个组中包含的工具用于数据操作。

（2）**报表画布**：Power BI Desktop 主界面中最大的区域便是报表画布，这也是 Power BI 最主要的工作区域，借助其右侧的报表编辑器生成可视化对象，并在此区域中显示。底部导航栏用来显示报表页的名称，可以在不同报表页之间进行切换。

（3）**报表编辑器**：主要由【字段】窗格、【可视化】窗格和【筛选器】窗格组成。【字段】窗格用于管理基础数据字段，【可视化】窗格用于控制可视化对象的外观，【筛选器】窗格用于对可视化对象进行筛选。

1.2.3　Power BI Desktop 视图

Power BI Desktop 中有报表视图、数据视图和模型视图 3 种视图。单击主界面侧边栏中的【报表】、【数据】和【模型】按钮可在 3 个视图之间进行切换，如图 1-5 所示。

图 1-5

1. 报表视图

报表视图用于查看和设置报表，图 1-6 所示为在报表视图下打开的一个报表。

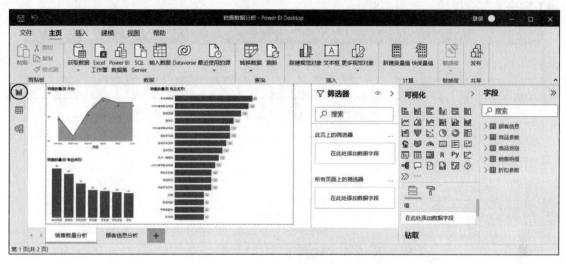

图 1-6

首次切换到报表视图时，将显示空白画布，在加载数据后，用户即可借助【可视化】窗格中的可视化对象，在若干报表页面上创建可视化对象，制作可视化报表（具体方法参见第 5 章）。

由于画布区域有限，当一个报表页无法放置所有的可视化对象时，单击报表视图底部导航栏中的"＋"（新建页）按钮，即可添加新的报表页。报表视图底部导航栏会显示每个报表页的标题。当鼠标指针指向报表页标题时，报表页标题的右上角会显示"×"（删除页）按钮，用户单击该按钮即可删除报表页。如果还要对报表页执行复制、重命名、隐藏等操作，在每个报表页的标题上单击鼠标右键，在快捷菜单中选择相应选项即可（具体操作参见 6.2.1 小节的内容），如图 1-7 所示。

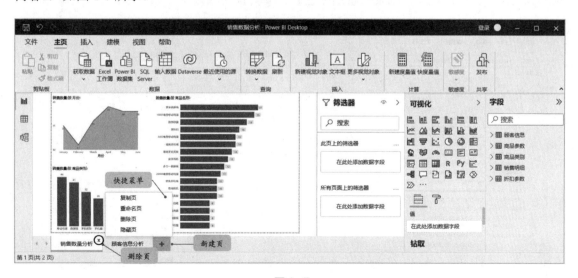

图 1-7

7

2. 数据视图

数据视图用于浏览和编辑数据模型中的数据，主要由功能区、公式栏、数据网格和【字段】窗格 4 部分组成，如图 1-8 所示。

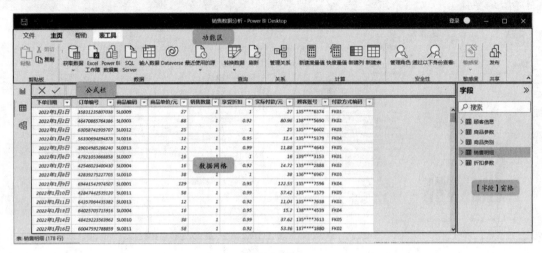

图 1-8

（1）**功能区**：用户在【主页】选项卡下，可以完成数据的连接、输入、管理关系、新建度量值、新建列等操作。在【字段】窗格中选中某个表后，功能区中会出现【表工具】选项卡。

（2）**公式栏**：在功能区和数据网格之间的一行是公式栏，此处可以输入度量值，也可以输入计算列的公式。

（3）**数据网格**：数据网格中显示的是当前选中表格的全部数据。用户单击列名旁边的筛选按钮▼可以完成筛选。在列名上单击鼠标右键，会弹出快捷菜单，如图 1-9 所示。利用该快捷菜单，用户可以像使用 Excel 一样完成升序排序、降序排序、复制、新建列、重命名、删除等操作，也可以完成复制表、新建度量值、编辑查询等操作。

图 1-9

（4）【字段】窗格：数据网格的右侧为【字段】窗格，【字段】窗格中列明了当前查询到的所有表格及字段。

用户在表名上单击鼠标右键，通过快捷菜单即可进行新建度量值、新建列、编辑查询、管理关系、重命名、从模型中删除等操作，如图1-10所示。同样地，在字段名上单击鼠标右键，通过快捷菜单即可进行创建层次结构、重命名、从模型中删除等操作，如图1-11所示。

另外，通过【字段】窗格顶部的搜索栏，用户还可以对所有表格和字段进行搜索。

图1-10　　　　　图1-11

3. 模型视图

模型视图用于显示数据模型中的所有表、列与表之间的关系，尤其是包含多个表且关系复杂的模型，如图1-12所示。

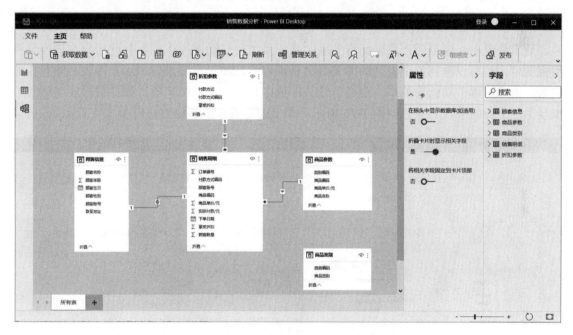

图1-12

在模型视图中，表之间的连线表示关系，将鼠标指针悬停至关系线上方，即可显示两个表之间关联的列。在关系线上单击鼠标右键，即可弹出快捷菜单，如图1-13所示。此时选择【删除】选项即可将关系删除，选择【属性】选项，即可打开【编辑关系】对话框，如图1-14所示，深色背景的列为关系的关联字段。

知识链接

打开【编辑关系】对话框的方法有两种，一是在关系线上单击鼠标右键，快捷菜单中选择【属性】选项，二是直接在关系线上双击。

图 1-13　　　　　　　　　　　　　　　　　　图 1-14

通常情况下，如果两个表之间有关联关系，系统会自动进行识别，如此用户在切换到模型视图后，就可以看到各个表之间的关联关系。当然，如果系统没有识别到两表之间存在的关系，用户可以手动创建关系。创建方法是：选中其中一个表的字段，按住鼠标左键将其拖曳至另一个表的字段名上，如图 1-15 所示。关于创建关系的其他方法可参见 4.3 节的内容。

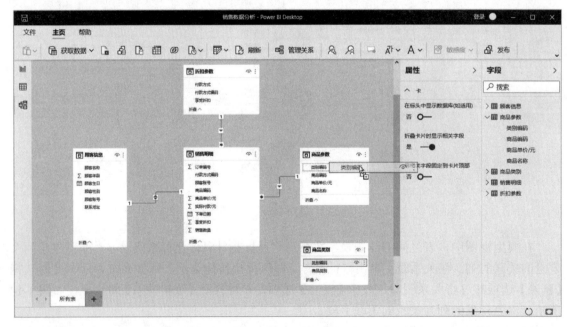

图 1-15

1.2.4　Power BI 窗格

Power BI 报表视图中有 3 个窗格：【字段】窗格、【可视化】窗格和【筛选器】窗格。在导入数据后，报表视图中的窗格部分如图 1-16 所示。

1.【字段】窗格

【字段】窗格用来显示当前模型中的所有表和字段，用于创建可视化对象。用户勾选某个字段前的复选框，即可将其添加到可视化对象中，生成可视化图表，如图 1-17 所示。

图 1-16   图 1-17

2.【可视化】窗格

未添加可视化对象的【可视化】窗格包含两个区域。在上面的区域中，用户可以选择需要的可视化对象；在下面的区域中，默认选中【字段】按钮，可以添加字段，并对选中的可视化对象的具体参数进行编辑。例如，在可视化对象中选中【簇状柱形图】，然后将"商品类别"表中的【商品类别】字段拖至【轴】储值桶中，将"销售明细"表中的【销售数量】字段拖至【值】储值桶中，生成的可视化对象效果如图 1-18 所示。

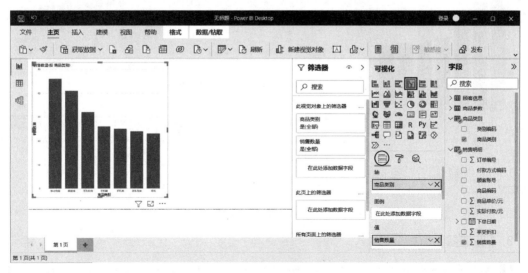

图 1-18

在【可视化】窗格下面的区域中单击【格式】按钮 🔲，将切换至格式编辑界面。在该界面，用户可以对选中的可视化对象进行效果的优化与设计。这些操作通过对【X 轴】、【Y 轴】、数据标签、标题等进行设置来实现，如图 1-19 所示。

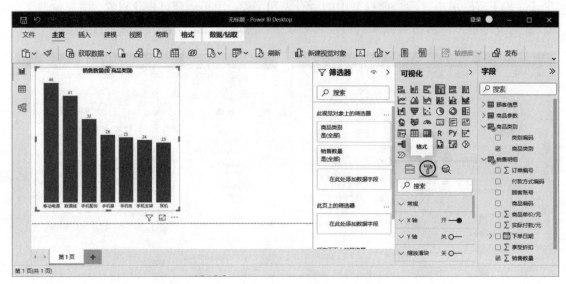

图 1-19

在【可视化】窗格下面的区域中单击【分析】按钮 🔍，将切换至分析界面。在该页面，用户可以对选中的可视化对象进行对应的分析，如选中报表页中制作的簇状柱形图，可为其添加恒定线、最小值线、最大值线、平均值线和中值线等。图 1-20 所示为添加平均值线的效果。

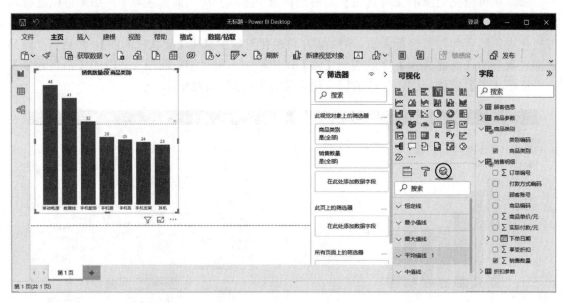

图 1-20

3.【筛选器】窗格

【筛选器】窗格用来查看、设置和修改不同级别的筛选。筛选器有 3 种级别，分别是【此视觉对象上的筛选器】、【此页上的筛选器】和【所有页面上的筛选器】，如图 1-21 所示。

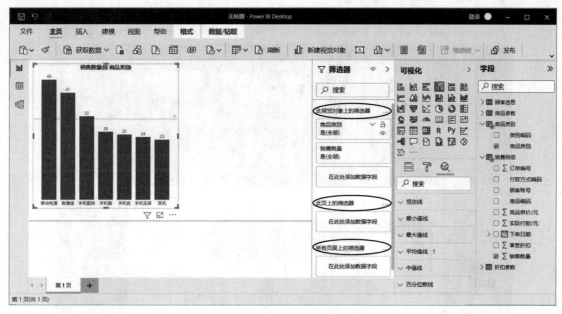

图 1-21

【此视觉对象上的筛选器】用于对当前选中视觉对象进行筛选，【此页上的筛选器】用于对当前报表页面的所有对象进行筛选，【所有页面上的筛选器】用于对整个报表进行筛选。用户可根据需要对各种筛选器进行设置。

章节实训

实训 1　下载安装 Power BI Desktop

【实训目标】

大家应该初步了解了商业数据分析及 Power BI 的基本内容。为带领大家迈出使用 Power BI 的第一步，本实训将介绍 Power BI Desktop 的下载及安装步骤。

【实训操作】

01　登录 Power BI 官网，在【产品】中选择【Power BI Desktop】，单击【查看下载或语言选项】，如图 1-22 所示。

02　打开 Power BI Desktop 下载界面，在【选择语言】下拉列表中选择【中文(简体)】，然后单击【下载】按钮，如图 1-23 所示。

03　弹出【选择您要下载的程序】对话框，其中"PBIDesktopSetup_x64.exe"表示 64 位 Windows 系统的安装包，"PBIDesktopSetup.exe"表示 32 位 Windows 系统的安装包，用户可

以根据自己的计算机系统选择合适的安装包。这里选择"PBIDesktopSetup_x64.exe"，然后单击【Next】按钮即可下载，如图 1-24 所示。

图 1-22

图 1-23

图 1-24

04　下载完成后，开始安装。双击下载的"PBIDesktopSetup_x64.exe"文件，弹出图 1-25 所示的对话框，单击【运行】按钮即可。

05　弹出【欢迎使用 Microsoft Power BI Desktop(x64)安装向导】对话框，直接单击【下一步】按钮，如图 1-26 所示。

06　弹出【Microsoft 软件许可条款】对话框，勾选【我接受许可协议中的条款】复选框，单击【下一步】按钮，如图 1-27 所示。

07　弹出【目标文件夹】对话框，单击【更改】按钮，选择安装位置，之后单击【下一步】按钮，如图 1-28 所示。

图 1-25

图 1-26

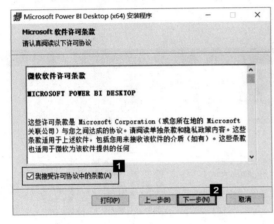

图 1-27

图 1-28

08　弹出【已准备好安装 Microsoft Power BI Desktop(x64)】对话框，默认勾选【创建桌面快捷键】复选框，单击【安装】按钮，如图 1-29 所示。

09　开始安装软件，具体安装时间取决于计算机的配置，完成后弹出【Microsoft Power BI Desktop(x64)安装向导已完成】对话框，单击【完成】按钮，Power BI Desktop 安装完成，如图 1-30 所示。

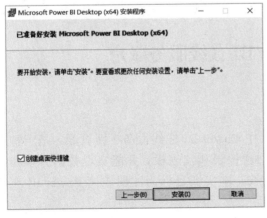

图 1-29

图 1-30

实训2　熟悉 Power BI Desktop 操作界面

【实训目标】

本章介绍了 Power BI Desktop 的操作界面，为帮助大家巩固所学内容，本实训以熟悉 Power BI Desktop 操作界面为主题，要求学生打开实训素材"销售数据分析"，在已有数据的基础上熟悉 Power BI Desktop 的各个操作界面，为后续学习奠定基础。

【实训操作】

01　打开实训素材"实训素材\第1章 实训\销售数据分析"文件（Power BI Desktop 文件的扩展名为".pbix"），如图1-31所示。

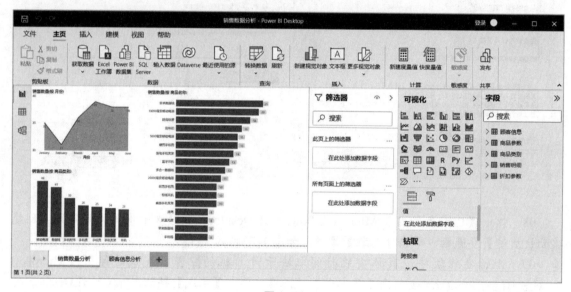

图 1-31

02　浏览 Power BI Desktop 的主界面、视图及窗格，熟悉其主要构成、功能及展示效果。

实训3　申请 Power BI 在线服务账户

【实训目标】

本章介绍了 Power BI 的主要组成架构，其中 Power BI 在线服务（网页版）是一种在线服务。在 Power BI 在线服务中，用户可以创建报表和仪表板，并能实现数据分享和发布。用户要使用该项服务就需要先注册申请账户。本实训目标为注册申请 Power BI 在线服务账户。

【实训操作】

01　登录 Power BI 官网，单击【开始免费使用】，如图 1-32 所示。

图 1-32

02　切换到【开始使用 Power BI】界面，单击【免费试用 Power BI】，如图 1-33 所示。

03　切换到【感谢你选择 Microsoft Power BI】界面，输入企业邮箱，单击【下一步】按钮，如图 1-34 所示。

图 1-33

图 1-34

> **小贴士**
>
> 　　注意，用户在申请 Power BI 在线服务账户时必须用企业邮箱，即带有企业域名的邮箱。学校邮箱也是企业邮箱的一种。如果没有企业邮箱，可以尝试在一些提供试用功能的企业邮箱中申请免费试用，试用结束后用户仍可使用该企业邮箱作为登录用户名进行登录。登录成功后，为了安全，建议每次使用结束后注销用户。

04　在打开的页面中填写【你的账户信息】内容：名字、姓氏、你所在的国家或地区（可任意选一个）、业务电话号码和密码，然后单击【重新发送验证码】，此时注册的企业邮箱中将收到验证码，输入该验证码，单击【下一页】按钮即可，如图 1-35 所示。

05　完成注册操作后，单击【开始】按钮，如图 1-36 所示。接下来即可进入 Power BI 主页，如图 1-37 所示。

图 1-35　　　　　　　　　　　　　　　图 1-36

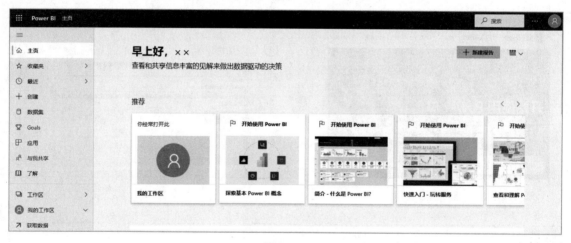

图 1-37

注册完成后，再次登录时，选择账户和输入密码即可，如图 1-38 和图 1-39 所示。

图 1-38　　　　　　　　　　　　　　　图 1-39

思考与练习

一、不定项选择题

1. 以下属于商业数据分析主要流程的有（　　　）。
A. 需求分析　　　　　　B. 数据获取　　　　C. 数据预处理　　　　D. 数据呈现

2. 下列属于 Power BI 视图的是（　　　）。
A. 数据视图　　　　　　B. 字段视图　　　　C. 报表视图　　　　D. 模型视图

3. 报表视图下显示的窗格有（　　　）。
A.【功能区】窗格　　　B.【字段】窗格　　　C.【可视化】窗格　　　D.【筛选器】窗格

二、判断题

1. 在 Power BI 的数据视图中可以创建可视化对象。（　　　）
2. 对可视化对象的类型选择和具体参数编辑都是在【可视化】窗格中完成的。（　　　）
3. 模型视图用于显示数据模型中的所有表、列与表之间的关系。（　　　）

三、简答题

1. 简述 Power BI 的特点。
2. 列举 Power BI Desktop 中的视图类型及主要功能。
3. 简述可视化窗格中下面的区域可以实现哪些功能。

四、实操题

1. 打开素材文件"习题素材与答案\第 1 章　习题素材与答案\销售数据分析 1——原始文件"，修改各数据表及报表页名称，最终效果如图 1-40 所示。
2. 打开素材文件"习题素材与答案\第 1 章　习题素材与答案\销售数据分析 2——原始文件"，手动创建"销售明细"表和"折扣参数"表之间的关系，最终效果如图 1-41 所示。

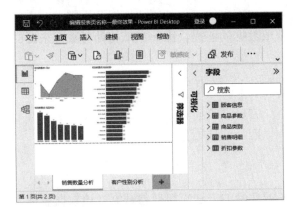

图 1-40

图 1-41

第 **2** 章 商业数据的输入和导入

数据是数据分析的基础，因此 Power BI 商业数据分析的基础就是商业数据的获取。本章先从数据来源开始介绍，帮助读者明确数据来源的概念，然后通过实战案例重点讲解在 Power BI 中获取数据的方法。在 Power BI 中获取数据的途径主要有两种——手动输入和外部导入。当然，商业数据分析中需要的绝大多数数据都是可以直接获取的，不必手动输入，因此导入数据将是本章重点介绍的内容。

学习目标

1. 了解直接数据来源和间接数据来源
2. 掌握在 Power BI Desktop 中输入数据的方法
3. 掌握在 Power BI Desktop 中导入 Excel 数据的方法
4. 掌握在 Power BI Desktop 中导入 Web 数据的方法
5. 掌握在 Power BI Desktop 中导入 MySQL 数据库数据的方法

2.1 认识数据来源

【内容概述】

根据数据的来源，可以将数据获取的途径分为直接来源与间接来源。在商业数据分析流程中，当接到数据分析的任务并明确分析需求后，接下来的工作就需要根据分析需求获取数据，而了解数据直接来源与间接来源的概念是获取数据的前提。因此本节将针对数据来源的概念与获取方法分别进行介绍。

【重点知识】

一、直接数据来源　　　　　　　三、调查问卷方式
二、普查与抽样调查　　　　　　四、间接数据来源

2.1.1 直接数据来源

直接数据来源是指本人或商业公司通过调查或实验的方法直接获得数据（该数据被称为一手数据）。其中通过调查方法获得的数据称为调查数据，通过实验方法获得的数据称为实验数据。在直接数据来源中，调查数据是最常用的，而调查数据中最简便的就是调查公司所持

有的 Excel 文件或数据库中的数据，由于调查公司都是专业的，因此它们调查的数据多数也是规范的。

调查数据通常取自有限总体，即总体所包含的个体单位是有限的。如果调查是针对总体中的所有个体单位进行的，我们就把这种调查称为普查。普查数据具有信息全面、完整的特点，对普查数据的全面分析和深入挖掘是统计分析的重要内容。但是，当总体较大时，进行普查将是一项很大的工程，由于普查涉及的范围广，接受调查的个体单位多，耗时、费力，使得调查的成本也非常高，因此普查是不可能经常进行的。事实上，统计学家经常面对的是抽样的数据，即针对总体中的部分个体单位进行调查所获得的数据。这种调查被称为抽样调查。

在某些情况下，直接来源的数据需要调查公司通过调查问卷的方式来获取，这也是抽样调查的主要方式之一。通过调查问卷获取数据的途径有很多，较常用且效率较高的主要包括以下 3 种。

（1）**现场调查**。由调查人员在人流量比较大的地方做现场调查，如商场、广场、车站、学校等。其特点是被调查人员的拒绝率较高，调查人员需经过专业的培训，且调查所花费的人力、物力成本较大。

（2）**网络调查**。通过电子邮件或专门的问卷调查网站发布调查问卷。其特点是无地域限制、成本低廉、问卷发放或回收的效率较高。但是很有可能被当作垃圾邮件或被忽略，由于可能涉及被调查人员的 IP 地址信息，因此可能无法得到理想的调查效果。

（3）**电话调查**。由调查人员通过电话与被调查人员进行沟通访问。其特点是效率较高、调查结果具有实时性。但是由于调查人员与被调查人员是陌生人，因此调查人员很容易被拒绝，得不到调查结果，或者因为被调查人员急于挂电话而得不到真实的回答。

2.1.2　间接数据来源

间接数据来源是指如果与分析内容相关的原数据已经存在（别人调查或实验的数据），则数据分析师只需对这些数据重新加工、整理，使之成为分析需要的数据（该数据被称为二手数据）。

根据数据来源的范围，间接数据来源包括系统外部和系统内部。系统外部数据有：各级政府部门尤其是统计部门公布的有关资料，如定期发布的统计公报和各类统计年鉴；各类经济信息中心、信息咨询机构、专业调查机构提供的市场信息和行业发展数据；各类专业期刊、报纸、图书所提供的文献资料；从专业网站或搜索引擎中查到的相关资料；等等。

取自系统内部的数据，就商业活动而言，主要包括业务数据，如与经营业务相关的各种记录单；经营活动过程中的各种统计报表；各种财务、会计核算和分析资料等。

间接来源的数据由于具有搜集方便、数据采集快、采集成本低等优点，成为商业数据分析中主要的数据来源。

2.2　在 Power BI Desktop 中输入数据

【内容概述】

要想在 Power BI Desktop 中创建报表和可视化对象，首先要有数据内容，而获取数据最

直接的方法就是手动输入。当然，该方法适用于数据量较少的情况。本节将具体介绍如何在
Power BI Desktop 中输入数据。

【重点知识】

一、创建表　　　　　　　　　三、添加和删除列

二、添加和删除行　　　　　　四、将数据加载到数据模型中

【理论基础】

在 Power BI Desktop 中手动输入数据，首先需要创建一个空表，然后在空表中手动输入
数据，并通过添加行、列扩充数据区域，最后将完成的数据表加载到数据模型中。

【实战案例】

案例素材	原始文件：无
	最终效果：素材\第 2 章\手动输入数据——最终效果

微课视频

01　启动 Power BI Desktop，切换到【主页】选项卡，在【数据】组中单击【输入数据】
按钮，如图 2-1 所示。弹出【创建表】对话框，用于输入数据，如图 2-2 所示。

图 2-1

02　选中相应单元格，直接输入列标题和数据即可，单击【插入行】按钮，即可插入空
白行。然后按照同样的方法继续插入行和输入数据即可，如图 2-3 所示。

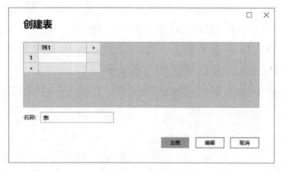

图 2-2

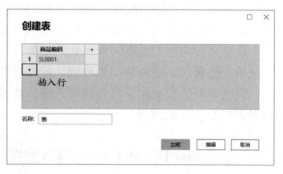

图 2-3

03　单击【插入列】按钮，如图 2-4 所示，在插入的空白列中输入数据。按照同样的方
法继续插入列并输入数据，如图 2-5 所示。

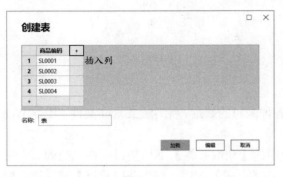

图 2-4

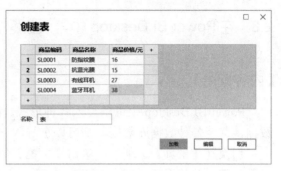

图 2-5

04　完成数据输入后，在【名称】文本框中输入表名"商品参数表"，然后单击【加载】按钮，如图 2-6 所示。此时会弹出【加载】对话框，等待一段时间完成加载后，可在窗口右侧的【字段】窗格中看到表名和表所包含的字段标题，如图 2-7 所示。

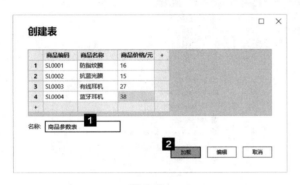

图 2-6

图 2-7

知识链接

①单击【插入行】按钮，是在当前行下方插入空行；单击【插入列】按钮，是在当前列右侧插入空列。②如果要在某行的上方插入空行，在该行号上单击鼠标右键，然后从弹出的快捷菜单中选择【插入】选项即可，如图 2-8 所示；如果要在某列的左侧插入空列，在该列的列标题上单击鼠标右键，然后从快捷菜单中选择【插入】选项即可，如图 2-9 所示。③如果要删除输入的某行或某列数据，在行号或列标题上单击鼠标右键，然后从弹出的快捷菜单中选择【删除】选项即可，如图 2-10 所示。

图 2-8　　　　　　　　　图 2-9　　　　　　　　　图 2-10

2.3 在 Power BI Desktop 中导入数据

【内容概述】

Power BI Desktop 中可以导入各种形式、各种来源的数据。无论是 Excel 文件，还是 Web 数据，甚至各种数据库数据，都可以被导入。

切换到【主页】选项卡，单击【数据】组中的【获取数据】下拉按钮，在下拉列表中可以看到常用的数据源类型，如图 2-11 所示。单击【更多】选项，在【获取数据】对话框中即可看到 Power BI Desktop 可连接的全部文件数据源，如图 2-12 所示。

图 2-11

图 2-12

由于篇幅有限，本节只介绍具有代表性的 Excel 数据、Web 数据和 MySQL 数据库数据的导入方法。

【重点知识】

一、导入 Excel 数据
二、导入 Web 数据
三、导入 MySQL 数据库数据

2.3.1 导入 Excel 数据

【理论基础】

很多商业数据都是用 Excel 工作簿保存的，用户在使用 Power BI 分析数据时，可以直接将 Excel 数据导入 Power BI。Power BI 可连接的 Excel 文件扩展名包括.xls、.xlsx、.xlsm、.xlsb

和.xlw 等。下面以 Excel 工作簿（.xlsx）文件为例，介绍具体的导入方法。

【实战案例】

案例素材	原始文件：素材\第 2 章\导入 Excel 数据——原始文件	
	最终效果：素材\第 2 章\导入 Excel 数据——最终效果	微课视频

　　01　启动 Power BI Desktop，切换到【主页】选项卡，在【数据】组中单击【获取数据】下拉按钮，从下拉列表中选择【Excel 工作簿】选项，如图 2-13 所示。

　　02　弹出【打开】对话框，选择需要导入的 Excel 工作簿文件，然后单击【打开】按钮，如图 2-14 所示。

图 2-13

图 2-14

　　03　弹出【导航器】对话框，对话框左侧列出了工作簿中的所有工作表，勾选工作表名称前的复选框即表示导入该工作表中的数据，并且可在对话框右侧预览表中的数据。选中需要导入数据的工作表"参数表"和"销售明细"后，单击对话框右下角的【加载】按钮，如图 2-15 所示。

　　04　返回报表视图，此时【字段】窗格中会显示导入的全部表，单击表名称，切换到数据视图，即可查看该表的数据，如图 2-16 所示。

图 2-15

图 2-16

小贴士

　　导入数据后，数据视图中显示的是刚加载或上次刷新后的数据，如果原工作簿的数据发生改变，数据视图中的数据不会自动更新，用户需要在【字段】窗格中的表名称上单击鼠标右键，然后在弹出的快捷菜单中选择【刷新数据】选项，执行导入操作，获取数据源的最新数据。

　　如果不需要某个表，同样在表名称上单击鼠标右键，然后在弹出的快捷菜单中选择【从模型中删除】选项即可将其删除，如图 2-17 所示。

图 2-17

2.3.2　导入 Web 数据

【理论基础】

　　在日常工作中，很多时候我们需要从网页中获取数据，因此，获取 Web 数据也是获取数据的重要途径之一。Power BI 不仅能从本地获取数据，还能从网页中获取实时数据。无论是静态网页还是动态网页，Power BI 均可识别网页中的表格，然后将其导入。下面介绍一下具体的导入方法。

【实战案例】

案例素材	原始文件：无	
	最终效果：素材\第 2 章\导入 Web 数据——最终效果	微课视频

　　01　启动 Power BI Desktop，切换到【主页】选项卡，在【数据】组中单击【获取数据】下拉按钮，从下拉列表中选择【Web】选项，如图 2-18 所示。

　　02　弹出【从 Web】对话框，在【URL】文本框中输入网址"https://www.ryjiaoyu.com/book"，单击【确定】按钮，如图 2-19 所示。

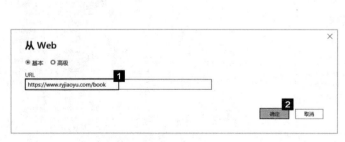

图 2-18　　　　　　　　　　　图 2-19

03 弹出【导航器】对话框,此时对话框左侧会显示网页上可用表的列表,选中需要的表格后,对话框右侧会显示该表的数据预览。勾选表名称前的复选框,表示需要将该表数据导入 Power BI,本案例勾选【表1】复选框,然后单击【加载】按钮,如图 2-20 所示。

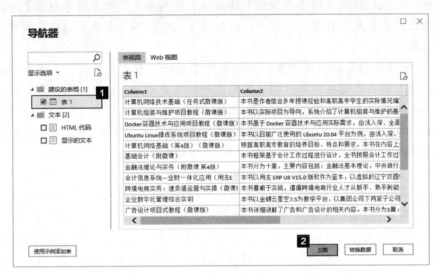

图 2-20

04 返回报表视图,此时【字段】窗格中会显示该表及其列名称,切换到数据视图即可看到该表数据的详细内容,如图 2-21 所示。

图 2-21

05 导入 Web 数据后,可以对获取的数据随时刷新。切换到【主页】选项卡,单击【查询】组中的【刷新】按钮即可,如图 2-22 所示。

图 2-22

知识链接

　　需要注意的是，网页上的数据是否可以直接获取，主要取决于网页上的数据是否以表格形式提供，Power BI 能从网页中识别表格数据并将其导入。如果【导航器】对话框中显示的不是自己需要的表格数据，则用户可以借助【使用示例添加表】功能来实现自定义表格数据的获取。

　　【使用示例添加表】功能的含义：只要用户手动输入前几个数据，系统会自动识别所要提取的数据类型并自动将网页中剩余的同类数据填充进来；但是如果输入的数据没有规律，或者不是网页中存在的数据，则系统无法识别。

　　使用该功能的具体操作方法：单击【导航器】对话框中左下角的【使用示例添加表】按钮，弹出【使用示例添加表】对话框，该对话框分为上下两部分，上面是网页预览，下面是需要提取的示例内容，用户选中下面的单元格直接输入信息即可。例如，在列 1 的标题处输入"书名"，然后在其下方单元格中输入前两本图书的书名，之后系统会自动将该网页中的同类数据填充完成；然后单击第 2 列，输入标题"单价"，由于第 1 列的图书名称已经确定，并且每本书都包含单价信息，因此这里只要输入一个单价数据，系统就会自动把每本图书的单价数据填充进来；后面的数据采用同样的方式获取即可。完成后单击【确定】按钮，如图 2-23 所示。

　　返回【导航器】对话框，对话框左侧会显示用户自定义的表"表 2"，如图 2-24 所示。

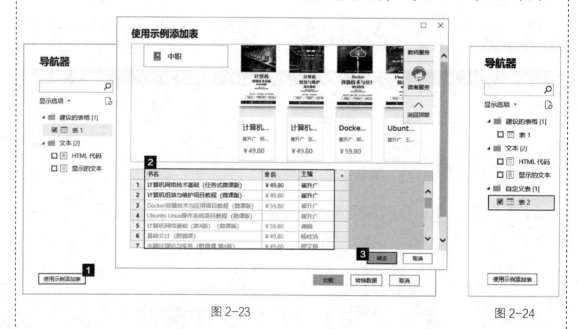

图 2-23　　　　　　　　　　　　　　　　　　　　　　图 2-24

　　最后，勾选【表 2】复选框，单击【加载】按钮，即可将自定义的 Web 数据导入 Power BI。

2.3.3　导入 MySQL 数据库数据

【理论基础】

　　Power BI 可连接多种类型的数据库，如常见的 SQL Server 数据库、MySQL 数据库、Oracle

Database、SAP HANA 数据库等。在【获取数据】对话框中可以看到 Power BI 可连接的所有类型的数据库，如图 2-25 所示。

本节主要讲解连接 MySQL 数据库的相关内容。MySQL 是最流行的关系数据库管理系统之一，由瑞典 MySQL AB 公司开发，属于 Oracle 旗下的产品。由于 MySQL 数据库具有体积小、速度快、总体拥有成本低、开放源代码等特点，因此有着广泛的应用，一般企业开发中小型网站都会选择 MySQL 作为网站数据库。

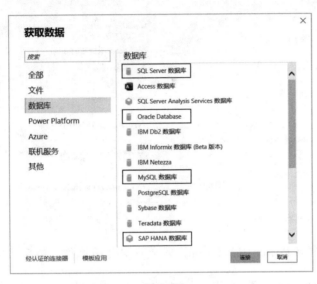

图 2-25

下面具体介绍一下在 Power BI 中导入 MySQL 数据库数据的实现方法。

【实战案例】

案例 素材	原始文件：素材\第 2 章\导入 MySQL 数据库数据——原始文件	
	最终效果：素材\第 2 章\导入 MySQL 数据库数据——最终效果	微课视频

01　启动 My SQL 服务器，新建名为"ymy"的数据库，将本案例提供的 Excel 工作簿"导入 MySQL 数据库数据——原始文件"中的数据导入"ymy"数据库中备用。

02　启动 Power BI Desktop，切换到【主页】选项卡，在【数据】组中单击【获取数据】按钮的上半部分，弹出【获取数据】对话框，如图 2-25 所示。在【数据库】组中选择【MySQL 数据库】选项，单击【连接】按钮。

> **知识链接**
>
> 如果需要 Power BI Desktop 访问 MySQL 数据库，用户就必须先到 MySQL 数据库的官方网站，下载并安装连接 MySQL 数据库的组件 Connector/NET。如果没有安装该组件，完成步骤 2 后，将会弹出提示框，如图 2-26 所示。

　　此时，可以单击提示框中的【了解详细信息】超链接，该链接会指向 MySQL 数据库的官方下载网站，打开 Connector/NET 组件下载界面，网站会自动显示最新的组件版本，用户根据计算机配置选择合适的选项后，单击【Go to Download Page】按钮下载安装即可，如图 2-27 所示。

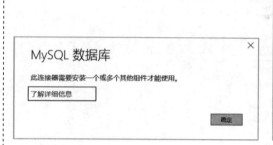

图 2-26

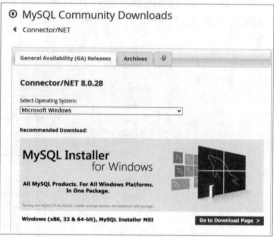

图 2-27

　　安装成功后，重启 Power BI Desktop，完成步骤 2 的操作，然后直接进入下一步。

　　03　弹出【MySQL 数据库】对话框，在【服务器】文本框中输入服务器的地址 "localhost"，在【数据库】文本框中输入数据库的名称 "ymy"，单击【确定】按钮，如图 2-28 所示。

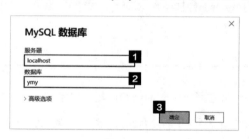

图 2-28

小贴士

　　本案例的 MySQL 服务器运行在本机，因此在【服务器】文本框中输入本地服务器名称 "localhost" 即可；如果 MySQL 服务器运行在别的机器上，就需要填写该机器的 IP 地址，如 "192.168.100.××"。

　　04　接下来，系统会询问访问者的身份验证方式是 Windows 验证还是数据库验证。我们选择【数据库】验证方式，然后在其右侧输入访问 MySQL 数据库的用户名和密码，最后单击【连接】按钮，如图 2-29 所示。

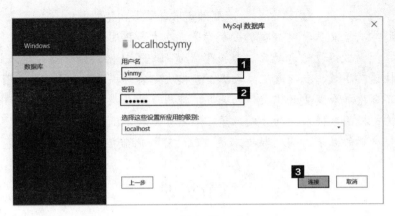

图 2-29

小贴士

　　MySQL 服务器提供两种验证方式：Windows 验证和数据库验证。如果通过 Windows 验证，只要登录 Windows 账号，即可访问 MySQL 服务器；而采用数据库验证，则需要专门的数据库账号才可访问。因此，从安全性方面考虑，建议使用数据库验证方式。为了顺利连接，用户需要提前在数据库中设置好具有访问权限的用户名和密码。

---

　　05 弹出【导航器】对话框，此时对话框左侧会显示所连接数据库中的所有表，选中相应表后，其右侧会出现该数据表的数据预览。勾选表名称前的复选框，表示要加载该表的数据，这里勾选所有的复选框，然后单击【加载】按钮，如图 2-30 所示。

　　06 此时回到报表视图，其右侧【字段】窗格中就会显示所有导入的数据库中的数据表，如图 2-31 所示。

图 2-30

图 2-31

拓展	高效地收集数据
阅读	科学决策是基于对数据的分析结果，在大数据时代下，企业面临着数据来源越

来越广泛、数据量越来越大、数据形式越来越多样化、分析周期越来越短等问题。
如何快速、高效、准确地收集数据，直接决定大数据应用的效果。为了满足企业数
据源不断增加和变更的需要，相关部门应规范企业数据采集流程，提升整体数据管
控能力；提高数据采集的开发效率，节省开发成本；保障数据采集的质量，提升后
续数据分析的效果；实现数据采集过程的可视化监控，降低运维难度。

章节实训

实训　将 Web 数据导入 Power BI Desktop

【实训目标】

　　本章主要介绍了如何将商业数据输入和导入 Power BI Desktop，为帮助大家巩固重点内
容，提高实操能力，熟悉 Web 数据的获取方法，本实训以获取 Web 数据为主题，要求学生
根据指定的网址，将需要的数据导入 Power BI Desktop。

【实训操作】

　　01　启动 Power BI Desktop，
切换到【主页】选项卡，在【数据】
组中单击【获取数据】下拉按钮，
从下拉列表中选择【Web】选项，
弹出【从 Web】对话框，输入网址，
单击【确定】按钮，如图 2-32 所示。

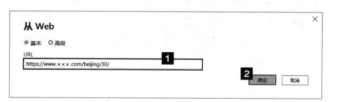

图 2-32

　　02　弹出【导航器】对话框，在对话框左侧勾选【表 1】复选框，此时在其右侧可以看
到数据预览，单击【加载】按钮，如图 2-33 所示。

　　03　数据加载完成后，效果如图 2-34 所示。然后将该文件保存即可。

图 2-33

图 2-34

思考与练习

一、不定项选择题

1. 在 Power BI Desktop 中导入 Web 数据时,如果【导航器】对话框中显示的不是自己需要的表格数据,则可以借助( )功能来实现。

A. 显示数据 　　　　　B. 使用示例添加表 　　C. 加载 　　　　D. 刷新

2. 下列属于 Power BI 能获取的数据是 ( )。

A. Excel 数据 　　　　B. Web 数据 　　　　C. 图像数据 　　　D. MySQL 数据库数据

3. MySQL 目前属于( )公司。

A. Oracle 　　　　　B. IBM 　　　　　　C. Microsoft 　　　D. Adobe

二、判断题

1. 在直接数据来源中,通过调查方法获得的数据称为调查数据,通过实验方法获得的数据称为实验数据。( )

2. 根据数据来源的范围,间接数据来源包括系统外部和系统内部。( )

3. 在 Power BI Desktop 中导入 Excel 中的数据后,无法通过刷新操作来更新导入的数据。( )

三、简答题

1. 简述通过调查问卷获取数据的主要途径及其特点。

2. 简述间接数据来源中获取系统外部数据的主要渠道。

3. 对 MySQL 数据库进行简单介绍。

四、实操题

1. 在 Power BI Desktop 中新建表"店铺会员信息"并手动输入图 2-35 所示的数据内容。

会员编码	会员名称	性别	生日	地区	等级
SLHY00000001	理应飞翔	女	1986-07-20	北京	中
SLHY00000002	天生傲骨	男	1971-03-24	成都	中
SLHY00000003	幸福	女	1973-05-07	大连	较高
SLHY00000004	心向阳	女	1981-03-05	广州	中
SLHY00000005	面子自己争	男	1980-01-02	贵州	较低

图 2-35

2. 将"习题素材与答案\第 2 章　习题素材与答案\店铺近 30 日成交转化率数据"工作簿中的数据导入 Power BI Desktop。

第 **3** 章　商业数据预处理

从各种来源获取的商业数据不能直接用于数据分析，数据分析师还需要对其进行预处理，从而提高数据质量，为后期商业数据的统计与分析工作打好基础。商业数据预处理的过程会占用很多时间，也许能够占到整个项目时间的 70% 以上，虽然麻烦但也是必不可少且非常重要的一步。能否正确预处理数据对商业数据的分析结果有非常大的影响。可以说，数据预处理是商业数据分析中最麻烦也是最具有挑战性的步骤。本章将从数据预处理、数据预处理的工具及具体实现方法等几个方面进行具体介绍。

学习目标

1. 了解什么是数据预处理
2. 了解数据预处理的工具——Power Query 编辑器
3. 掌握数据集成的方法
4. 掌握数据清洗的方法
5. 掌握数据转换的方法
6. 掌握数据归约的方法

3.1　数据预处理

【内容概述】

在学习如何进行数据预处理之前，首先要明确为什么要进行数据预处理，数据预处理的方法有哪些，以及在 Power BI 中使用何种工具进行数据预处理。在对数据预处理有了正确的认识后，再来学习具体的操作方法就会清晰、明朗多了。

【重点知识】

一、数据预处理的概念
二、数据预处理的方法
三、Power Query 编辑器

3.1.1　什么是数据预处理

数据的质量，直接决定了数据统计与分析结果的质量。它涉及很多方面，包括准确性、完整性、一致性、时效性、可信性和解释性等。在实际工作中，我们拿到的数据可能不都是处理好的标准数据，可能包含大量的缺失值、噪声数据，也可能包含因为人工录入错误而导致的异常值，这些都非常不利于数据的统计与分析。

数据是统计与分析的基础，在进行具体的统计与分析流程之前，我们需要对数据进行加工。就像榨果汁，需要先把水果洗净、削皮、去籽，然后切成小块投入榨汁机，这样榨出来的果汁会更细腻，否则倒出来的"混合物"也许难以下咽。数据预处理的过程就像将水果放入榨汁机前的操作，即对各种不标准的数据进行对应方式的处理，得到标准的、干净的、连续的数据，以提供给数据统计与分析等使用。在数据能用于统计与分析的前提下，我们希望数据预处理过程能够提升统计与分析过程的高效性及结果的准确性，这是数据预处理的目的。

数据预处理的方法有很多，大致可以分为 4 类：数据集成、数据清洗、数据转换和数据归约。经过以上多种方法的处理，基本可以实现将获取的原始数据转换为可以直接使用的数据。关于数据预处理的内容及具体实现方法，本章会逐一详细介绍。

下面我们来介绍在 Power BI 中使用的数据预处理工具——Power Query 编辑器。

3.1.2　Power Query 编辑器

Power Query 编辑器是微软的数据连接和数据预处理组件，Power BI 的数据获取和数据预处理操作都是通过内置的 Power Query 编辑器完成的。下面我们具体介绍 Power Query 编辑器。

1. Power Query 编辑器的优势

Power Query 编辑器具有以下优势。

（1）操作简单。即使是初学者，也无须掌握复杂的函数，仅通过单击界面上的相关功能按钮即可完成日常办公中的大部分数据处理工作，能够快速上手，即学即用。

（2）数据无限制。不同于 Excel 有行数的限制，Power Query 编辑器不限数据量，性能更强大，能够轻松处理大量数据，避免卡顿。

（3）多数据源连接。Power Query 编辑器可以支持连接多种类型的数据源，并且相应的数据源更新后刷新即可，无须重新操作。

（4）处理过程自动记录。可随时对历史处理步骤进行查看和编辑，从而提高数据处理的效率。

2. 进入 Power Query 编辑器的方法

用户主要可以通过以下几种方法打开 Power Query 编辑器。

（1）进入 Power BI Desktop，切换到【主页】选项卡，在【查询】组中单击【转换数据】按钮，如图 3-1 所示。

（2）获取数据后，在【导航器】对话框中单击右下角的【转换数据】按钮，如图 3-2 所示。

（3）在数据视图中，在数据表的任意位置上单击鼠标右键，然后在弹出的快捷菜单中选择【编辑查询】选项，如图 3-3 所示。

（4）在【字段】窗格中，在工作表名称上单击鼠标右键，然后在弹出的快捷菜单中选择【编辑查询】选项，如图 3-4 所示。

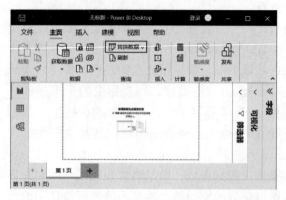

图 3-1

图 3-2

图 3-3

图 3-4

小贴士

　　在 Excel 2010 以上的版本中都可以使用 Power Query 编辑器。在 Excel 2010 及 Excel 2013 中需要下载插件并在安装加载后使用，在 Excel 2016 中，Power Query 编辑器可通过【数据】选项卡下的【新建查询】进入，如图 3-5 所示。

图 3-5

3. Power Query 编辑器的界面介绍

　　Power Query 编辑器在没有连接数据时，中间窗格显示为空白窗格，如图 3-6 所示。

　　在建立数据连接后，Power Query 编辑器主要由功能区、【查询】窗格、中间窗格和【查询设置】窗格等组成。图 3-7 所示为已连接数据源的 Power Query 编辑器界面。

　　（1）功能区：包含【文件】菜单、【主页】选项卡、【转换】选项卡、【添加列】选项卡、【视图】选项卡、【工具】选项卡和【帮助】选项卡，以及各选项卡下以组的形式显示的多个功能按钮等，便于用户快速找到所需的功能。

　　（2）【查询】窗格：列出加载到 Power BI 的所有表的名称及总数。在 Power BI 中，一个查询导入的数据为一个数据表（如导入 Excel 工作簿数据时，一个工作表为一个查询，即一个数据表）。在【查询】窗格列表中单击数据表名，可在中间窗格中预览数据。

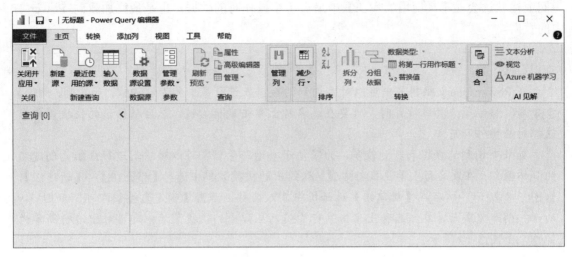

图 3-6

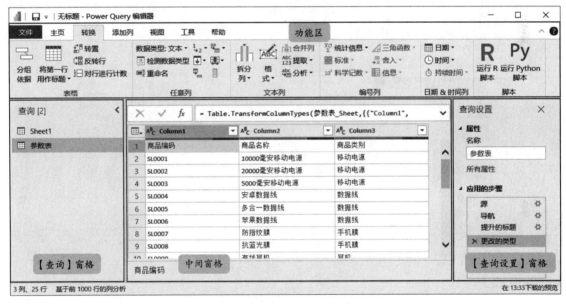

图 3-7

（3）**中间窗格**：用于显示已选中的查询数据表中的预览数据。该数据是以前某个时刻从数据源获取的数据。用户在 Power Query 编辑器底部状态栏的右侧可以看到数据加载的时间，如图 3-7 所示。如果要查询数据源的最新数据，可在【主页】选项卡下单击【刷新预览】按钮执行刷新操作。

（4）**【查询设置】窗格**：共包含两栏：【属性】和【应用的步骤】。用户在【属性】栏的【名称】文本框中可修改数据表的名称，单击【所有属性】选项，可打开【查询属性】对话框。【应用的步骤】栏中列出了以下 4 个步骤：源、导航、提升的标题和更改的类型。这 4 个步骤是按顺序执行的，当对数据表进行编辑后，编辑步骤也会出现在【应用的步骤】栏中。单击某一个步骤，中间窗格中就会显示该步骤对应的数据预览。在打开 Power Query 编辑器后，中间窗格默认会显示【应用的步骤】中最后一个操作时的数据，也是最终加载到 Power BI 中的数据。

> **知识链接**
>
> 在 Power Query 编辑器中可以对查询到的数据表进行基本的管理操作，如复制、删除、重命名、移动等。具体操作时，只要在表名称上单击鼠标右键，然后从弹出的快捷菜单中选择对应操作即可。
>
> 如果查询到的数据表数量较多，为了便于查看与管理，可以对它们进行分组。创建组的具体操作：在表名称上单击鼠标右键，从弹出的快捷菜单中选择【移至组】→【新建组】，如图 3-8 所示。然后在【新建组】对话框中输入名称，单击【确定】按钮即可，如图 3-9 所示。创建完成后，在组名称上单击鼠标右键，从弹出的快捷菜单中即可对组进行简单的操作，如图 3-10 所示。
>
>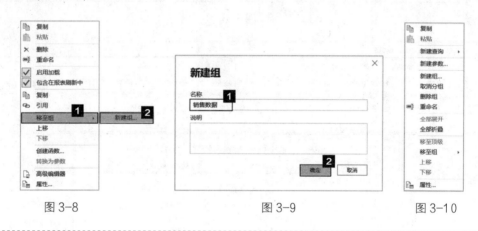
>
> 图 3-8   图 3-9   图 3-10

3.2　数据集成

【内容概述】

数据集成是指把不同来源（如数据库、数据立方、普通文件等）、格式或特性的数据在逻辑上或物理上有机地集中，存放在一个统一的数据存储介质中（如数据仓库），以便为数据处理与分析工作的顺利进行提供完整的数据基础。

在 Power BI 中，对数据进行集成操作是实现数据预处理的重要环节之一。本节将从数据集成的概念开始，结合实战案例对数据集成的重要操作进行详细介绍。

【重点知识】

一、数据集成的概念　　　　　　　　五、添加自定义列的方法
二、英文字母大小写转换的方法　　　六、删除重复项的方法
三、拆分列、合并列的方法　　　　　七、追加查询数据的方法
四、文本提取的方法　　　　　　　　八、关闭并应用数据的方法

3.2.1　什么是数据集成

随着科学技术的迅猛发展和信息化的推进，数据的采集、存储、处理和传播的数量也与日俱增。在企业中，由于开发时间或开发部门的不同，往往有多个异构的、在不同的软硬件平台上的信息系统同时运行，这些系统的数据源彼此独立、相互封闭，使得数据难以在系统之间交流、共享和融合，从而形成了"信息孤岛"。

随着信息化应用的不断深入，企业内部、企业与外部信息交互的需求日益增加，急切需要对已有的信息进行整合，共享信息。企业实现数据共享，可以使更多的人更充分地使用已有数据资源，减少资料收集、数据采集等重复劳动和相应费用。但是，在实施数据共享的过程当中，由于不同用户提供的数据可能来自不同的途径，其数据内容、数据格式和数据质量千差万别，有时甚至会遇到数据格式不能转换或数据转换格式后丢失信息等棘手问题，严重阻碍数据在各部门和各软件系统中的流动与共享。因此，如何对数据进行有效的集成管理，已经成为增强企业商业竞争力的必然选择。

数据集成的本质是实现不同数据源之间的数据交换，并且在交换过程中具备数据整理与转换的能力，主要解决数据的分布性和异构性的问题。在数据集成时，需要考虑的问题很多，下面主要介绍几个常见的重点问题。

（1）**模式集成问题**。模式集成问题是指如何使来自多个数据源的实体相互匹配，这就涉及实体识别问题。例如，某个数据源中有"客户编码"字段，另一个数据源中有"客户 ID"字段，它们指的是否为同一实体？这是在数据集成过程中需要重点考虑的问题。通常，数据库中都会包含元数据，这些元数据主要用来描述各个数据（或字段）的含义，从而避免在模式集成时发生错误。

（2）**数据冗余问题**。冗余问题是数据集成中经常发生的另一个问题。若一个字段可以从其他字段中推演出来，那么这个字段就是冗余字段。例如，"销售金额"字段可以通过每条记录的单价乘以数量得到，此时"销售金额"字段就是冗余字段。在集成不同数据来源的数据时，如果某条数据被重复收集，那么其中重复的数据中就存在冗余数据，此时我们需要对其进行"去重"处理。此外，实体识别中的字段命名不一致也会导致集成后的数据集出现数据（或字段）冗余问题。

（3）**数据值冲突的检测与处理问题**。在现实世界的不同数据实体中，由于数据来源的不同，多种数据值冲突的问题可能会出现。例如，由于数据采集人员的习惯不同，选择数据登记的方式也不同。在出现英文时，可能全部大写，可能首字母大写，也可能全部小写；在填写重量单位时，可能使用千克，也可能使用克、斤或磅等；在涉及不同的国家时，可能使用不同的货币单位；等等。检测与处理这些数据值的差异是数据集成工作的重要内容。

> **知识链接**
>
> 元数据，简单定义就是描述数据的数据，即准确描述我们拥有的所有数据，其核心目的是降低人与数据之间的"沟通"成本。其描述越准确，我们使用数据的成本就越低。
>
> 在企业中，只要有数据存在的地方，就应该有其对应的元数据。只有完整、准确的元数据，才能更好地帮助我们理解数据，从而充分挖掘数据的价值。

3.2.2　数据集成的实现方法

【理论基础】

我们在对商品销售数据进行分析时，由于销售的渠道不同、使用的系统不同、登记的人员不同，都有可能导致数据不规范。因此在数据集成的过程中，需要对数据进行一定的整理操作。下面以集成实体店和网店的销售明细数据为例，介绍一下数据集成的重点操作。

【实战案例】

案例 素材	原始文件：素材\第 3 章\集成销售数据——原始文件 最终效果：素材\第 3 章\集成销售数据——最终效果	 微课视频

（1）获取实体店销售明细数据

01　启动 Power BI Desktop，切换到【主页】选项卡，在【数据】组中单击【获取数据】下拉按钮，从下拉列表中选择【Excel 工作簿】选项，然后在【打开】对话框中选择需要导入的 Excel 工作簿文件"实体店销售明细"，单击【打开】按钮，将其导入 Power BI。

02　弹出【导航器】对话框，在对话框左侧勾选【实体店】复选框，然后单击【转换数据】按钮，如图 3-11 所示。弹出【Power Query 编辑器】窗口，如图 3-12 所示。

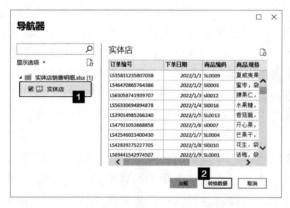

图 3-11

图 3-12

（2）设置实体店"商品编码"列的英文字母格式

本案例中的商品编码由 2 个英文字母和 4 个数字组成。从图 3-11 中可以看到，英文字母的大小写不统一，这里将其全部转换为英文大写字母。

03　选中"商品编码"列，切换到【转换】选项卡，单击【文本列】下拉按钮，然后单击【格式】下拉按钮，从下拉列表中选择【大写】选项，如图 3-13 所示。操作完成后，"商品编码"列的所有英文字母都会变成大写字母，如图 3-14 所示。

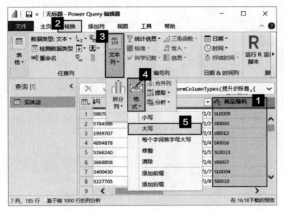

图 3-13   图 3-14

（3）拆分实体店"商品规格"列的数据

"商品规格"列的数据包含 3 个属性：商品名称、商品包装和商品净重，因此需要将其拆分为 3 列。由于商品名称和商品包装之间都用逗号分隔，因此用户可以通过分隔符拆分出商品名称；由于商品包装都是两个字，用户可以按字符数进行拆分；由于商品净重的单位都是"g"，因此用户可以通过提取功能，只保留数值，并将单位"g"在字段标题中体现。

04   选中"商品规格"列，切换到【转换】选项卡，单击【文本列】下拉按钮，然后单击【拆分列】下拉按钮，从下拉列表中选择【按分隔符】选项，如图 3-15 所示。

05   弹出【按分隔符拆分列】对话框，在【选择或输入分隔符】下拉列表框中选择【逗号】，在【拆分位置】组中选中【最左侧的分隔符】单选按钮，然后单击【确定】按钮，如图 3-16 所示。

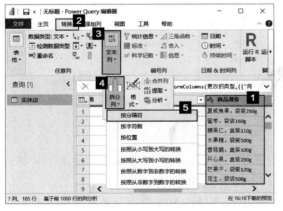

图 3-15   图 3-16

06   操作完成后，"商品规格"列被拆分为两列，列标题分别为"商品规格.1"和"商品规格.2"，如图 3-17 所示。在"商品规格.1"列标题上单击鼠标右键，从弹出的快捷菜单中选择【重命名】选项，或者在列标题上双击，即可进入编辑状态，然后输入新的列标题"商品名称"，如图 3-18 所示。

图 3-17

图 3-18

07　选中"商品规格.2"列，切换到【转换】选项卡，单击【文本列】下拉按钮，然后单击【拆分列】下拉按钮，从下拉列表中选择【按字符数】选项，如图 3-19 所示。

08　弹出【按字符数拆分列】对话框，在【字符数】文本框中输入"2"，在【拆分】组中选中【一次，尽可能靠左】单选按钮，单击【确定】按钮，如图 3-20 所示。

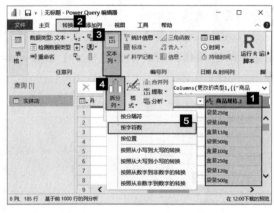

图 3-19

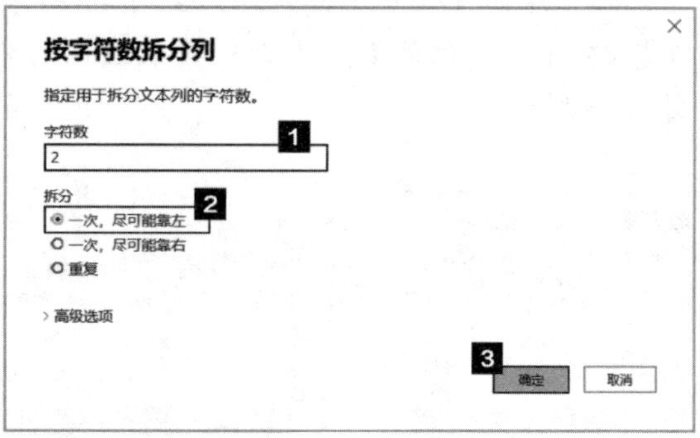

图 3-20

09　操作完成后，商品包装属性即被拆分出来了。同样地，按照步骤 6 的方法，将拆分出的商品包装列的列标题重命名为"商品包装"，如图 3-21 所示。

10　选中拆分出的另一列"商品规格.2.2"，切换到【转换】选项卡，单击【文本列】下拉按钮，然后单击【提取】下拉按钮，从下拉列表中选择【首字符】选项，如图 3-22 所示。

11　弹出【提取首字符】对话框，在【计数】文本框中输入"3"，单击【确定】按钮，如图 3-23 所示。

12　操作完成后，该列数据将只保留左侧的 3 个字符，即只保留数值部分。最后将列标题重命名为"商品净重/g"，如图 3-24 所示。

图 3-21

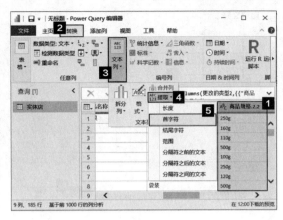

图 3-22

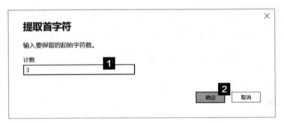

图 3-23

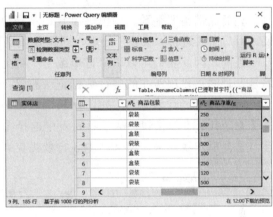

图 3-24

（4）新增列计算实体店商品的实际单价

本案例中实体店的商品是按 0.95 的折扣率来销售的，因此商品的实际单价应为商品单价乘以 0.95，即"商品单价/元"列的数据乘以 0.95。

13　为数据表添加新列。切换到【添加列】选项卡，单击【常规】组中的【自定义列】按钮，如图 3-25 所示。

14　弹出【自定义列】对话框，在【新列名】文本框中输入"实际单价/元"，接下来输入自定义列公式，首先将鼠标光标定位到【自定义列公式】列表框中等号的右侧，在【可用列】列表框中找到【商品单价/元】并双击，

图 3-25

然后输入"*0.95"，最后单击【确定】按钮，如图 3-26 所示。新增列的效果如图 3-27 所示。

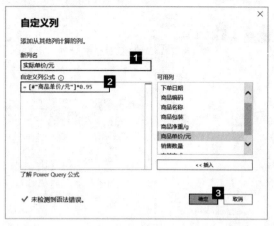

图 3-26   图 3-27

（5）删除实体店数据中的重复记录

在商品销售明细数据中出现重复记录是很常见的情况，为了不影响数据统计与分析的结果，用户需要进行"去重"处理，即删除重复记录。本案例中，"订单编号"列的数据是具有唯一性的，因此我们可以以"订单编号"列为标识列，进行删除重复项的操作，即将"订单编号"列的重复项所在的整行数据记录删除。

15　选中"订单编号"列，切换到【主页】选项卡，单击【减少行】下拉按钮，然后单击【删除行】下拉按钮，从下拉列表中选择【删除重复项】选项，如图 3-28 所示。操作完成后，重复项即被删除，原来的 185 行数据变成了 178 行数据，如图 3-29 所示。

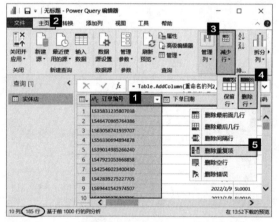

图 3-28   图 3-29

（6）获取网店销售明细数据

16　切换到【主页】选项卡，单击【新建查询】组中的【新建源】下拉按钮，从下拉列表中选择【Excel 工作簿】选项，如图 3-30 所示。

17　在弹出的【打开】对话框中选择需要导入的文件"网店销售明细"，单击【打开】按钮，弹出【导航器】对话框，在对话框左侧勾选【网店】复选框，单击【确定】按钮，如图 3-31 所示。

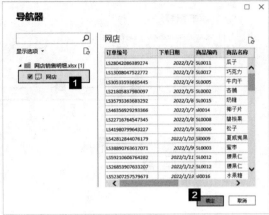

图 3-30　　　　　　　　　　　　　图 3-31

（7）设置网店"商品编码"列的格式

在网店销售明细数据中，商品编码除了英文大小写不统一外，还有缺失前两位英文字母的情况，因此在具体操作时，用户需要将英文字母补齐并统一为大写字母。

18　选中"商品编码"列，切换到【转换】选项卡，单击【文本列】下拉按钮，然后单击【拆分列】下拉按钮，从下拉列表中选择【按照从非数字到数字的转换】，如图 3-32 所示。操作完成后，包含英文字母的"商品编码"列被拆分成两列，不包含英文字母的商品编码保留在第 1 列，而第 2 列中以"null"代替，如图 3-33 所示。

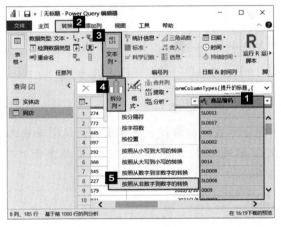

图 3-32　　　　　　　　　　　　　图 3-33

19　切换到【添加列】选项卡，单击【常规】组中的【条件列】按钮，如图 3-33 所示。

20　弹出【添加条件列】对话框，在【新列名】文本框中输入"商品编码"，在【列名】下拉列表框中选择【商品编码.2】，在【运算符】下拉列表框中选择【等于】，在【值】文本框中输入"null"，在【输出】下拉列表中选择【选择列】选项，并在其右侧的下拉列表框中选择【商品编码.1】，然后在【ELSE】下拉列表中选择【选择列】选项，并在其右侧的下拉列表框中选择【商品编码.2】，单击【确定】按钮，如图 3-34 所示（该条件列表示，如果"商品编码.2"列的值为"null"，则引用其对应的"商品编码.1"列的值，否则就引用"商品编码.2"列的值）。

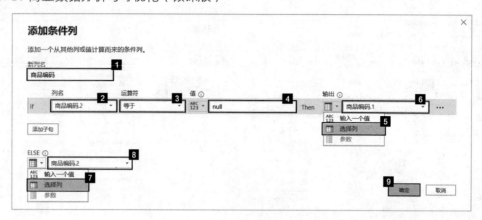

图 3-34

21　选中添加的"商品编码"列，切换到【转换】选项卡，单击【文本列】下拉按钮，然后单击【格式】下拉按钮，从下拉列表中选择【添加前缀】选项，如图 3-35 所示。

22　弹出【前缀】对话框，在【值】文本框中输入要添加的前缀内容，这里输入大写的英文字母"SL"，然后单击【确定】按钮，如图 3-36 所示。

图 3-35　　　　　　　　　　　　　　　　图 3-36

23　选中"商品编码.1"列和"商品编码.2"列后单击鼠标右键，从弹出的快捷菜单中选择【删除列】选项，如图 3-37 所示。然后选中"商品编码"列，按住鼠标左键将其拖曳至"下单日期"列和"商品名称"列的中间，如图 3-38 所示。

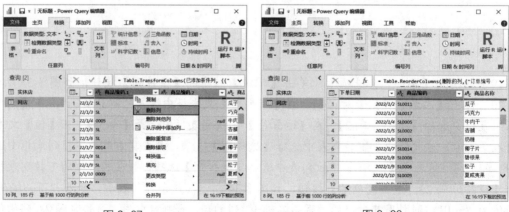

图 3-37　　　　　　　　　　　　　　　　图 3-38

（8）拆分网店"商品规格"列的数据

"商品规格"列中包含了商品包装和商品净重数据。用户可以通过拆分列功能来实现不同属性字段的拆分。

24 选中"商品规格"列，切换到【转换】选项卡，单击【文本列】下拉按钮，然后单击【拆分列】下拉按钮，从下拉列表中选择【按照从非数字到数字的转换】选项，如图 3-39 所示。

25 操作完成后，将拆分出的商品包装列的标题重命名为"商品包装"，如图 3-40 所示。

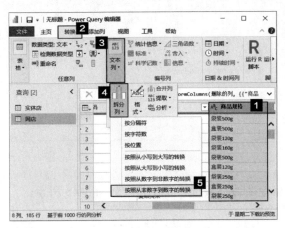

图 3-39

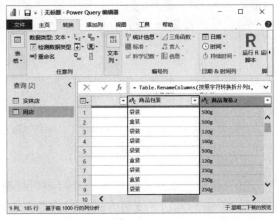

图 3-40

26 选中"商品规格.2"列，切换到【转换】选项卡，单击【文本列】下拉按钮，然后单击【拆分列】下拉按钮，从下拉列表中选择【按照从数字到非数字的转换】选项，如图 3-41 所示。

27 操作完成后，将拆分出的商品净重列的标题重命名为"商品净重/g"，然后将"商品规格.2.2"列删除，在"商品规格.2.2"列标题上单击鼠标右键，从弹出的快捷菜单中选择【删除】选项即可，如图 3-42 所示。

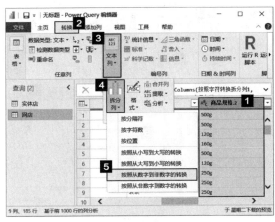

图 3-41

图 3-42

（9）新增列计算网店商品的实际单价

本案例中网店的商品是按 0.85 的折扣率来销售的，因此商品的实际单价应为商品单价乘以 0.85，即"商品单价/元"列的数据乘以 0.85。

28 切换到【添加列】选项卡，单击【从数字】组中的【标准】下拉按钮，从下拉列表中选择【乘】选项，如图 3-43 所示。

29　弹出【乘】对话框，在【值】文本框中输入"0.85"，单击【确定】按钮，如图 3-44 所示。

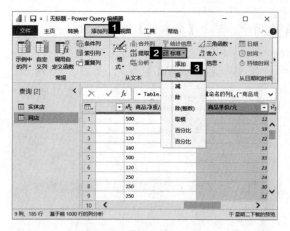
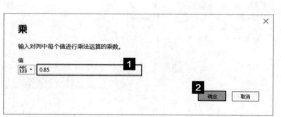

　　　　　　图 3-43　　　　　　　　　　　　　　　　　　图 3-44

30　操作完成后，将添加的新列的列标题重命名为"实际单价/元"，如图 3-45 所示。

（10）清除网店"支付方式"列的数据中的空格

网店销售数据的"支付方式"列的数据中包含很多空格，需要清除。清除数据前后的空格可以使用修整功能，清除中间的空格可以使用拆分列、合并列功能。

方法一：

31　选中"支付方式"列，切换到【转换】选项卡，单击【文本列】下拉按钮，单击【格式】下拉按钮，从下拉列表中选择【修整】选项，如图 3-46 所示，即可将单元格中数据前后的所有空格删除。

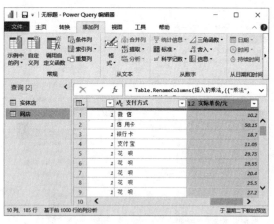
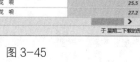
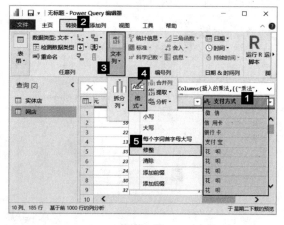

　　　　　　图 3-45　　　　　　　　　　　　　　　　　　图 3-46

方法二：

32　拆分"支付方式"列。选中"支付方式"列，切换到【转换】选项卡，单击【文本列】下拉按钮，单击【拆分列】下拉按钮，从下拉列表中选择【按分隔符】选项，如图 3-47 所示。

33　弹出【按分隔符拆分列】对话框，在【选择或输入分隔符】的下拉列表框中选择【空格】选项，在【拆分位置】组中选中【每次出现分隔符时】单选按钮，然后单击【确定】按钮，如图 3-48 所示。这样"支付方式"列就以空格为分隔符被拆分成多列。

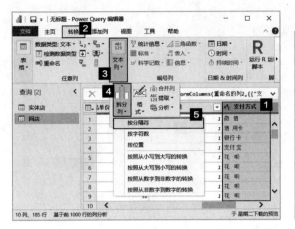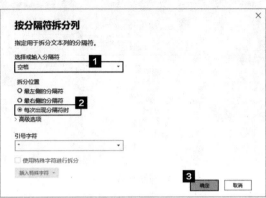

图 3-47　　　　　　　　　　　　　　　　　图 3-48

34　合并拆分出的列。选中由"支付方式"列拆分出的多个列（按住【Shift】键可同时选中相连的多个列），切换到【转换】选项卡，单击【文本列】下拉按钮，单击【合并列】下拉按钮，如图 3-49 所示。

35　弹出【合并列】对话框，在【新列名（可选）】文本框中输入"支付方式"，单击【确定】按钮，如图 3-50 所示，即可将选中的多个列合并，且不包含空格。

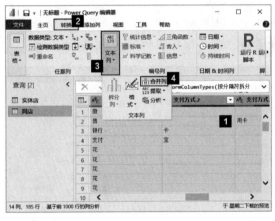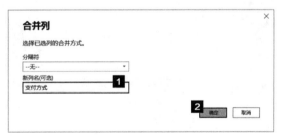

图 3-49　　　　　　　　　　　　　　　　　图 3-50

（11）将实体店数据追加查询到网店数据中

为了对商品的销售情况进行整体分析，用户需要将实体店的数据和网店的数据集中起来。用户可以在网店销售数据的基础上，将实体店的销售数据追加过来，即合并到一个数据表中。

36　切换到【主页】选项卡，单击【组合】下拉按钮，然后单击【追加查询】下拉按钮，如图 3-51 所示。

37　弹出【追加】对话框，默认选中【两个表】单选按钮，在【要追加的表】下拉列表框中选择【实体店】，单击【确定】按钮，如图 3-52 所示。

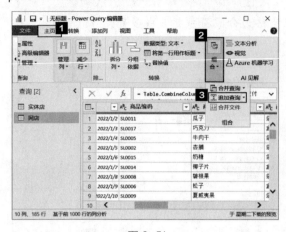

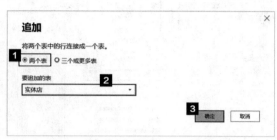

图 3-51 图 3-52

小贴士

　　在追加查询操作后，为了避免不同渠道的数据出现重复记录的情况，可以再次对合并数据进行"去重"操作。具体的操作方法见步骤 15 中的内容。

（12）关闭并应用数据

数据追加完成后，将其加载到 Power BI 中。

38　切换到【主页】选项卡，单击【关闭】组中的【关闭并应用】按钮，如图 3-53 所示。稍等一会即可完成加载操作。

39　在【字段】窗格中的"实体店"工作表名上单击鼠标右键，从快捷菜单中选择【隐藏】选项将其隐藏，然后将"网店"工作表重命名为"商品销售明细"，如图 3-54 所示。

图 3-53 图 3-54

3.3　数据清洗

【内容概述】

　　收集来的原始数据中可能会存在很多错误，包括人工录入的错误和系统自动产生的错误等，如缺失值、无效值、错误值和不一致数据等。为了将这些错误的、不精准的数据转换成标准化数据，我们需要进行数据清洗。在 Power BI 中对数据进行清洗操作，是实现数据预处理的重要环节之一。本节将从数据清洗的概念开始，结合实战案例对数据清洗的重要操作进行详细介绍。

【重点知识】

一、数据清洗的概念　　　　　　　　四、含噪声数据的清洗方法
二、数据清洗的主要内容　　　　　　五、不一致数据的清洗方法
三、不完整数据的清洗方法

3.3.1　什么是数据清洗

数据清洗是对数据进行重新审查和校验的过程，主要是对原始数据中的"脏数据"进行"清洗"操作。因为数据仓库中的数据是面向某一主题的数据的集合，这些数据从多个业务系统中抽取而来而且包含历史数据，这样就避免不了有的数据是错误数据、有的数据相互之间有冲突，这样的数据是不符合数据分析要求的，是我们不想要的，因此被称为"脏数据"。在日常的商业数据分析中，"脏数据"主要有三类：不完整数据、含噪声数据和不一致数据。我们按照一定的规则把这些"脏数据""洗掉"，使其满足数据质量要求的过程就是数据清洗，如图 3-55 所示。

图 3-55

不同的数据，可能有不同的清洗方法，但其中总有一些步骤是相似的，下面具体介绍。

1. 不完整数据

原始数据中可能会出现数据值缺失，即数据集中存在无数据的数据单元格。缺失值在数据分析中会影响分析结果，因此用户需要对其进行必要的处理。

处理不完整数据的方法有很多种，这里主要介绍两种。

方法一：丢弃。

这种方法简单明了，即直接删除带有缺失值的行记录（整行删除）或者列字段（整列删除），以减少缺失值对总体数据的影响。但丢弃也有其弊端，它会消减数据特征，当出现以下任意一种场景时都不宜采用丢弃方法：①原始数据中存在大量的数据缺失的情况，且比例较大，如超过 10%，删除这些带有缺失值的数据就意味着将损失过多有用信息。②大量带有缺失值的数据存在明显的数据分布规则或特征，如带有缺失值的数据记录的目标标签主要集中于某一类或几类，导致模型过拟合或分类不准确。

方法二：补全。

相对于丢弃而言，补全是更加常用的缺失值处理方法。通过一定的方法将缺失的数据补全，从而形成完整的数据集，对于后续的数据处理、分析和建模至关重要。

常用的补全方法有如下几种。

（1）通过其他信息补全，如通过身份证号码提取籍贯、出生日期、年龄、性别等。

（2）通过前后数据补全，如对于时间序列缺失，可以使用前后的均值填充；若缺的数据多了，可以使用平滑处理。

（3）通过统计数据补全，对于数值型数据，使用均值、加权均值、中位数等方法补足；对于分类型数据，使用类别众数最多的值补足。该方法是比较常用的缺失值补全方法。

（4）通过模型补全。其实更多时候我们会基于已有的其他字段，将缺失字段作为目标变量进行预测，从而得到最为可能的补全值。如果带有缺失值的列是数值变量，则采用回归模型补全；如果是分类变量，则采用分类模型补全。

2. 含噪声数据

含噪声数据是指那些在数据集中存在的不合理的错误值，或偏离正常范围的异常值。它们可能是由于传感器故障、人工录入错误或异常事件导致的，如人的身高为-1m，年龄为-1岁，笔记本电脑的重量为1t等，都属于含噪声数据的范围。虽然含噪声数据出现的频率较低，但是会对实际项目分析有影响，造成结果的偏差，所以在数据清洗过程中不得不被重视。

在处理含噪声数据时，常用的方法有以下几种。

（1）直接将含噪声数据的记录删除。这种方法虽然简单易行，但缺点也不容忽视，一是在观测值很少的情况下，这种删除操作会造成样本量不足；二是直接删除可能会对变量的原有分布造成影响，从而导致统计模型不稳定。

（2）将错误值或异常值视为缺失值，使用缺失值处理方法来处理。需要注意的是，将该异常值作为缺失值处理，需要根据该异常值（缺失值）的特点来处理，即针对该异常值（缺失值）是完全随机缺失、随机缺失，还是非随机缺失的不同情况进行不同处理。

（3）用平滑数据来修正。常用的数据平滑技术有分箱法、回归法和聚类法等。

① 分箱法：将数据平均划分到一些箱中，然后通过数据的"近邻"（即周围的数据值）来光滑数据。由于仅考察近邻的值，所以分箱法进行的是局部光滑。

② 回归法：使用拟合数据函数来光滑数据（如回归函数）。线性回归涉及找出拟合两个属性的最佳线，使一个属性能够预测另一个。多元线性回归是线性回归的扩展，涉及多个属性，将数据拟合到一个多维曲面。利用回归法获得拟合函数，能够帮助平滑数据并消除含噪声数据。

③ 聚类法：使用聚类来检测离群点。将相似的样本归为一个集合后，集合内极其相似而集合间极不相似，落在集合之外的样本视为离群点。

3. 不一致数据

不一致数据是指同一个数据内容在不同的数据表中表述不一致、标准不一致或命名规则不一致，一般是由于人为命名或数据代码不一致造成的。例如，在不同部门的"员工绩效考核"表中，有的部门填写了完整的员工编号"2021082503"，有的部门为了简化员工编号，将其填写为"21051206"（缺少编号开头的20）。为了保证数据的一致性，用户需要对该类数据进行清洗，使其编码规则统一，即对编号开头缺少"20"的数据进行填补。

3.3.2　数据清洗的实现方法

【理论基础】

在分析员工的技能考核数据时，由于存在数据不完整、数据异常或数据不一致的情况，因此需要对该数据进行清洗。下面以清洗员工技能考核数据为例，介绍一下数据清洗的重点操作。

【实战案例】

案例素材	原始文件：素材\第 3 章\清洗技能考核数据——原始文件	
	最终效果：素材\第 3 章\清洗技能考核数据——最终效果	微课视频

（1）获取数据

01　启动 Power BI Desktop，切换到【主页】选项卡，在【数据】组中单击【获取数据】下拉按钮，从下拉列表中选择【Excel 工作簿】选项，然后在弹出的【打开】对话框中选择需要导入的 Excel 工作簿文件"清洗技能考核数据——原始文件"，单击【打开】按钮。

02　弹出【导航器】对话框，在对话框左侧勾选【员工技能考核】复选框，然后单击【转换数据】按钮，如图 3-56 所示。弹出【Power Query 编辑器】窗口，如图 3-57 所示。

图 3-56

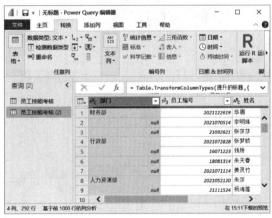

图 3-57

（2）处理不完整数据

在本案例的部门数据中，每个部门下只有第一条员工数据中有部门名称，其他的均是空值，用户需要将"部门"列中的部门名称数据向下填充；由于各种原因，会有员工出现缺考的情况，因此"考核分数"列中会存在空值，按照惯例，缺考的应该是 0 分，因此用户需要将其填充为 0；还有部分员工的考核分数中记录的是"免考"，根据公司的管理制度，免考员工的考核分数应该是 80 分，因此用户需要将其替换为 80。

03　填充部门名称。选中"部门"列，切换到【转换】选项卡，单击【任意列】组中的【填充】下拉按钮，从下拉列表中选择【向下】选项，如图 3-58 所示。操作完成后，即可将部门名称向下填充，如图 3-59 所示。

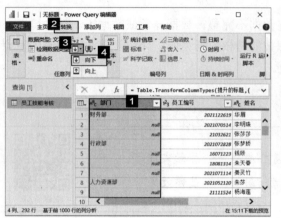

图 3-58

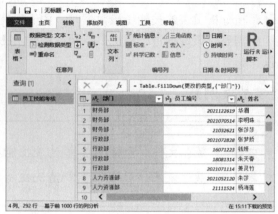

图 3-59

04　填充缺考分数。选中"考核分数"列，切换到【转换】选项卡，单击【任意列】组中的【替换值】下拉按钮，从下拉列表中选择【替换值】选项，如图 3-60 所示。弹出【替换值】对话框，在【要查找的值】文本框中输入"null"，在【替换为】文本框中输入"0"，单击【确定】按钮，如图 3-61 所示。操作完成后即可将所有的"null"替换为"0"。

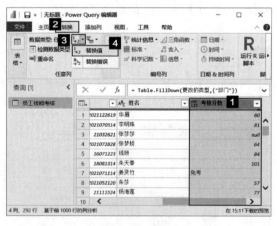

图 3-60

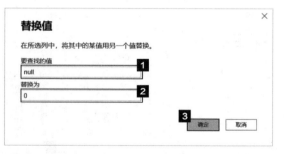

图 3-61

05　填充免考分数。选中"考核分数"列，切换到【转换】选项卡，单击【任意列】组中的【替换值】下拉按钮，从下拉列表中选择【替换值】选项，打开【替换值】对话框，在【要查找的值】文本框中输入"免考"，在【替换为】文本框中输入"80"，单击【确定】按钮，如图 3-62 所示。操作完成后即可将所有的"免考"替换为"80"，如图 3-63 所示。

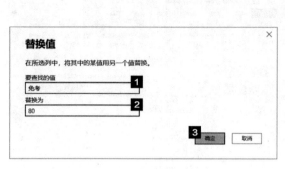

图 3-62

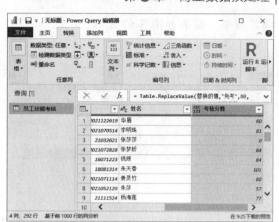

图 3-63

（3）处理含噪声数据

在统计员工的考核分数时，部分员工由于有加分项，导致考核分数超过 100 分。根据考核规定，当员工考核分数超过 100 分时，记为 100 分。具体处理方法如下。

06　选中"考核分数"列，切换到【添加列】选项卡，单击【常规】组中的【条件列】按钮，如图 3-64 所示。

07　弹出【添加条件列】对话框，在【新列名】文本框中输入"考核总分数"，在【列名】下拉列表框中选择【考核分数】，在【运算符】下拉列表框中选择【大于】，在【值】文本框中输入"100"，在【输出】文本框中

图 3-64

输入"100"，在【ELSE】下拉列表中选择【选择列】选项，在其右侧的下拉列表框中选择【考核分数】，单击【确定】按钮，如图 3-65 所示。

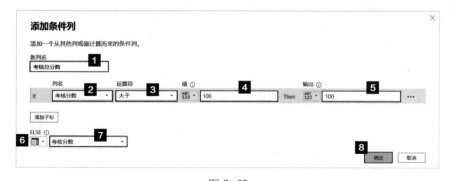

图 3-65

08　操作完成后，即可添加新的一列，并将所有超过 100 的考核分数替换为 100，如图 3-66 所示。然后选中"考核分数"列，单击鼠标右键，从弹出的快捷菜单中选择【删除】选项

将其删除。效果如图 3-67 所示。

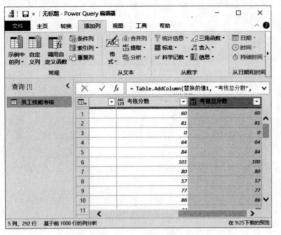

图 3-66

图 3-67

（4）处理不一致数据

本案例中"员工编号"列的数据中包含不一致数据，有的员工编号是 10 位数字，有的员工编号是 8 位数字，区别在于开头是否包含两个数字"20"。用户可以通过添加前缀和提取功能来处理不一致数据。

09　选中"员工编号"列，切换到【转换】选项卡，单击【文本列】下拉按钮，单击【格式】下拉按钮，从下拉列表中选择【添加前缀】选项，如图 3-68 所示。

10　弹出【前缀】选项卡，在【值】文本框中输入"20"，单击【确定】按钮，如图 3-69所示。操作完成后即可为所有的员工编号添加前缀"20"。

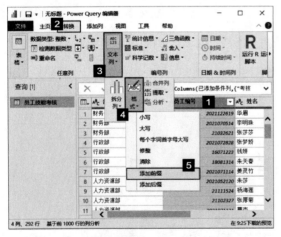

图 3-68

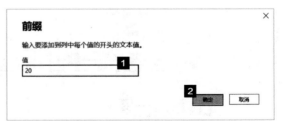

图 3-69

11　选中"员工编号"列，单击【文本列】下拉按钮，单击【提取】下拉按钮，从下拉列表中选择【结尾字符】选项，如图 3-70 所示。

12　弹出【提取结尾字符】对话框，在【计数】文本框中输入"10"，单击【确定】按钮，如图 3-71 所示。

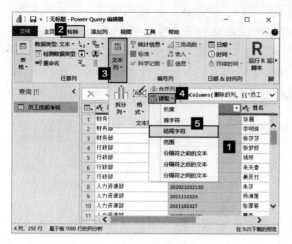

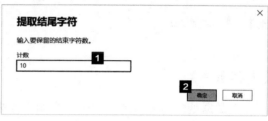

图 3-70　　　　　　　　　　　　　　　　　　　图 3-71

（5）关闭并应用数据

数据清洗完成后，将其加载到 Power BI 中。

13　切换到【主页】选项卡，单击【关闭】组中的【关闭并应用】按钮，如图 3-72 所示。稍等一会即可完成加载操作，效果如图 3-73 所示。

图 3-72　　　　　　　　　　　　　　　　　　　图 3-73

小贴士

　　数据清洗是一个反复的过程，想要一次性完成几乎是不可能的，在这个过程中，我们需要不断地发现问题，从而解决问题。数据清洗有 4 个关键点：完整、全面、合法、唯一。在清洗过程中，只有牢牢把握住这 4 点，才能使数据清洗得标准、干净、连续。

　　另外，还有一点需要注意，不要将有用的数据过滤掉，对每个过滤规则都需要认真进行验证，对于是否需要过滤或修正的数据，一般要求用户确认后再执行。

拓展阅读	自我审视
	在数据分析前我们要对数据进行清洗操作，以保证分析结果的准确性。做人也是一样的道理。曾子曰："吾日三省吾身——为人谋而不忠乎？与朋友交而不信乎？传不习乎？"这就是对自我的审视。如果一个人缺乏对自我的审视，那么他人生的路线可能就会出现偏差。所以我们应该常常审视自己，时刻对自己有一个清晰的认识，让自己的工作不出偏差，自己的人生不出偏差。

3.4　数据转换

【内容概述】

在数据处理与分析的过程中，当由于原来的数据构架不合理，不能满足各方面的要求，或者由于数据库更换，导致数据结构更换时，我们需要对数据进行转换操作。数据转换对于数据集成和数据管理等活动至关重要。本节将从数据转换的概念与方法开始，结合实战案例对数据转换的重要操作进行详细介绍。

【重点知识】

一、数据转换的概念　　　　　　　　四、按分隔符拆分列的操作方法

二、数据转换的主要方法　　　　　　五、逆透视的操作方法

三、将第一行用作标题的操作方法　　六、更改数据类型的操作方法

3.4.1　什么是数据转换

数据转换就是将数据从一种格式或结构转换为另一种格式或结构，从而构成一个适合数据处理与分析的描述形式的过程。数据转换的目的是将数据转换为更方便分析的数据。

数据转换可以包括一系列活动，如丰富数据、执行聚合或转换结构等，具体取决于项目的需要。下面介绍几种常用的数据转换方法。

1. 属性构造处理

属性构造处理可以利用已有属性构造出新的属性，并将其加入现有属性集合，以挖掘更深层次的数据信息，提高数据挖掘结果的准确性。

例如，根据长、宽属性，可以构造一个新属性——面积。构造合适的属性能够帮助用户发现遗漏的属性间的相互联系，而这在数据挖掘过程中是十分重要的。

2. 规格化处理

规格化处理就是将一个属性的取值范围投射到一个特定范围之内，以消除数值型属性因取值范围不一而造成结果的偏差。规格化处理方法可以帮助解决因属性取值范围不同而影响结果公正性的问题。

规格化处理方法有很多，下面介绍常用的两种。

（1）最大—最小规格化方法

该方法对初始数据进行一种线性转换。例如，假设"消费金额"属性的最大值和最小值分别是 86 000 元和 12 000 元，利用最大—最小规格化方法将"消费金额"属性的值的取值范围映射到 0～1，当"消费金额"属性的值为 82 600 元时，对应的转换结果如下。

$$(82\ 600-12\ 000)/(86\ 000-12\ 000)\times(1-0)+0\approx0.954$$

计算公式的含义为"（待转换属性值－属性最小值）/（属性最大值－属性最小值）×（映射区间最大值－映射区间最小值）＋映射区间最小值"。

（2）零均值规格化方法

该方法是指根据一个属性的均值和方差来对该属性的值进行规格化处理。

假定属性"消费金额"的均值和方差分别为 52 000 元和 18 000 元，则"顾客收入"属性的值为 65 600 元时，对应的转换结果如下。

$$(65\ 600-52\ 000)/18\ 000\approx0.756$$

计算公式的含义为"（待转换属性值－属性均值）/属性方差"。

3．逆透视处理

逆透视是 Power Query 编辑器中处理数据行列的一种操作，也可以说是将二维表转为一维表的操作。

通常对于我们来说，二维表利于数据的展示；但是不利于处理与分析数据，因此为了便于处理与分析数据，通常要把二维表转换成一维表。

表 3-1 所示的是适合展示数据的二维表，该表中第 1 列是商品名称，第 2 列～第 3 列的列标题是渠道名称，表中第 2 行第 2 列的数值表示网店海苔的销量，其他数值型数据以此类推。通过该表可以清楚地看到各商品对应的各渠道的销量情况。

表 3-1　　　　　　　　　　　　　适合展示数据的二维表

商品名称	网店（包）	实体店（包）
海苔	256 856	186 595
饼干	288 462	195 234
奶酪棒	329 865	175 246

表 3-2 所示的是适合存储数据的一维表，该表中具有相同属性的数据被存储在同一列中，其中第 1 列存储的是商品名称，第 2 列存储的是渠道，第 3 列存储的是销量（包）。通过该表可以方便地对数据进行处理与分析操作。

表 3-2　　　　　　　　　　　　　适合存储数据的一维表

商品名称	渠道	销量（包）
海苔	网店	256 856
海苔	实体店	186 595
饼干	网店	288 462
饼干	实体店	195 234
奶酪棒	网店	329 865
奶酪棒	实体店	175 246

在 Power Query 编辑器中，用户通过逆透视功能就可以实现适合展示数据（二维表）与适合存储数据（一维表）的形式之间的自由转换。

3.4.2　数据转换的实现方法

【理论基础】

在分析商品数据时，我们在很多时候会将同类商品的信息记录在一个单元格中，为了方便分析，需要对数据结构和内容进行转换。下面以转换商品数据为例，介绍一下数据转换的重点操作。

【实战案例】

案例素材	原始文件：素材\第 3 章\转换商品数据——原始文件 最终效果：素材\第 3 章\转换商品数据——最终效果	 微课视频

（1）获取数据

01　启动 Power BI Desktop，切换到【主页】选项卡，在【数据】组中单击【获取数据】下拉按钮，从下拉列表中选择【Excel 工作簿】选项，然后在弹出的【打开】对话框中选择需要导入的 Excel 工作簿文件"转换商品数据——原始文件"，单击【打开】按钮。

02　弹出【导航器】对话框，在对话框左侧勾选【Sheet1】复选框，然后单击【转换数据】按钮，如图 3-74 所示。弹出【Power Query 编辑器】窗口，如图 3-75 所示。

图 3-74

图 3-75

（2）设置标题

可以看到，此时列标题并没有自动确认，因此用户需要手动将数据表的第一行设置为标题。

03 切换到【主页】选项卡，单击【转换】组中的【将第一行用作标题】按钮，如图 3-76 所示。设置完成后，数据的第一行即可作为标题，如图 3-77 所示。

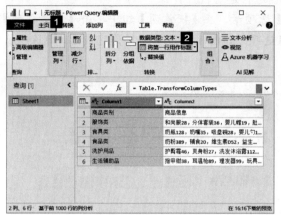

图 3-76

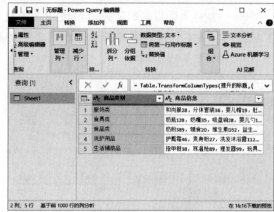

图 3-77

（3）拆分"商品信息"列

由于"商品信息"列中包含多种商品的价格，用户需要将其拆分到不同的列中。可以看到，各商品信息之间以逗号分隔，因此可以以逗号为分隔符进行拆分。

04 选中"商品信息"列，切换到【主页】选项卡，在【转换】组中单击【拆分列】下拉按钮，从下拉列表中选择【按分隔符】选项，如图 3-78 所示。

05 弹出【按分隔符拆分列】对话框，在【选择或输入分隔符】下拉列表框中选择【逗号】，在【拆分位置】组中选中【每次出现分隔符时】单选按钮，单击【高级选项】按钮，在【拆分为】组中选中【列】单选按钮，在【要拆分为的列数】文本框中输入"6"（商品信息中最多包含 6 种商品），单击【确定】按钮，如图 3-79 所示。操作完成后，商品信息即可按逗号拆分为 6 列。

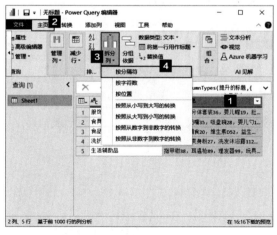

图 3-78

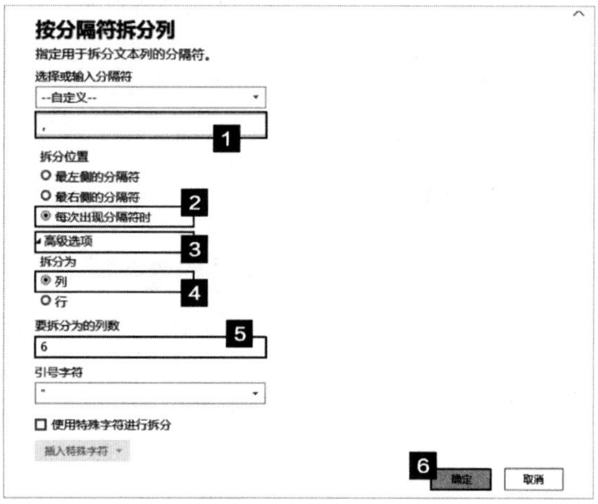

按分隔符拆分列
指定用于拆分文本列的分隔符。

选择或输入分隔符
--自定义--
,　　　　　　　　　　1

拆分位置
○ 最左侧的分隔符
○ 最右侧的分隔符　　2
● 每次出现分隔符时
▲ 高级选项　　3
拆分为
● 列　　4
○ 行

要拆分为的列数　　5
6

引号字符

□ 使用特殊字符进行拆分
插入特殊字符 ▼

6　确定　取消

图 3-79

（4）逆透视操作

在拆分后的表格中，各类别商品中的商品信息是横向排列的，用户需要将其转为纵向排列，即将商品信息数据放在同一列中，这就需要进行逆透视操作。

06 选中"商品类别"列，切换到【转换】选项卡，在【任意列】组中单击【逆透视列】下拉按钮，从下拉列表中选择【逆透视其他列】选项，如图 3-80 所示。操作完成后，删除"属性"列，效果如图 3-81 所示。

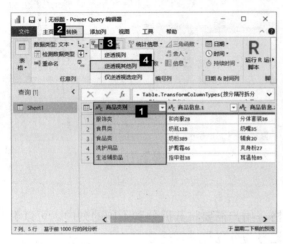

图 3-80

图 3-81

（5）拆分商品名称和价格

由于逆透视后的"值"列中包含商品名称和价格信息，用户需要将其拆分为两列。

07 选中"值"列，切换到【转换】选项卡，单击【文本列】下拉按钮，再单击【拆分列】下拉按钮，从下拉列表中选择【按照从非数字到数字的转换】选项，如图 3-82 所示。

08 操作完成后，即可将"值"列拆分为两列，分别将其标题重命名为"商品名称"和"商品价格/元"。然后选中"商品价格/元"列，切换到【主页】选项卡，在【转换】组中单击【数据类型】下拉按钮，从下拉列表中选择【整数】，如图 3-83 所示。

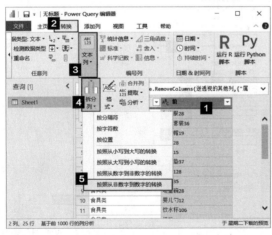

图 3-82

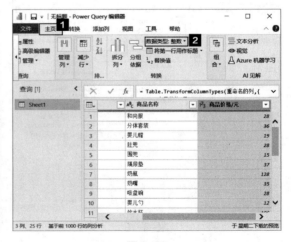

图 3-83

（6）关闭并应用数据

数据转换完成后，将其加载到 Power BI 中。

09 切换到【主页】选项卡，单击【关闭】组中的【关闭并应用】按钮，如图 3-84 所示。稍等一会儿即可完成加载操作，在【字段】窗格中将表重命名为 "商品信息表"，效果如图 3-85 所示。

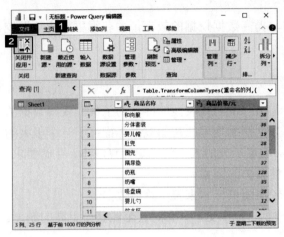

图 3-84

图 3-85

3.5 数据归约

【内容概述】

在大数据时代，进行数据分析的数据量通常比较大。在海量数据的基础上进行复杂的数据分析通常需要很长时间，这使得这种分析不现实或不可行。为了加快数据分析的速度，可以对数据进行归约处理。本节将从数据归约的概念开始，结合实战案例对数据归约的重要操作进行详细介绍。

【重点知识】

一、数据归约的概念 三、更改整列的数据类型的操作方法
二、数据归约的基本方法 四、添加条件列归约数据的操作方法

3.5.1 什么是数据归约

数据归约是指在尽可能保持数据原貌的前提下，最大限度地精简数据量。数据归约技术可以用来得到数据集的归约表示，它虽然数据量小，但仍大致保持原数据的完整性。这样，在归约后的数据集上进行分析将更有效，并产生相同（或几乎相同）的分析结果。

在实践中，数据的字段（列）数量可达到数百，如果我们只需要上百条记录（行）用于分析，就需要进行维归约，以构建可靠的模型。另外，高维度引起的数据超负，会使一些数据挖掘的算法不实用，唯一的方法就是进行维归约。预处理数据集的 3 个主要维度通常为字段（列）、记录（行）和字段（列）的值。数据归约过程也就对应 3 个基本方法：字段归约、记录归约和字段值归约。

1．字段归约

字段归约又称特征归约，它通过从原有的字段中删除不重要或不相关的字段，或者通过对字段进行重组来减少字段的个数。字段归约的原则是，在保留甚至提高原有判别能力的同时，减少字段的数量。

字段归约处理的效果是：分析更少的数据，提高数据挖掘的效率，并获得更高的数据挖掘处理精度。

2．记录归约

记录归约又称样本归约，就是从数据集中选出一个有代表性的样本的子集。获得数据的子集后，用它来提供整个数据集的一些信息。数据挖掘处理的初始数据集描述了一个极大的总体，而对数据的分析只基于样本的一个子集。确定子集的大小要考虑计算成本、存储要求、估计量的精度，以及其他一些与算法和数据特性有关的因素。

记录归约常用的方法是抽样，即用数据的较小随机样本来表示总体数据。

样本归约处理的效果是：减少成本，速度更快，范围更广，有时甚至能获得更高的精度。

3．字段值归约

字段值归约又称特征值归约，它通过减少字段中的特征值来减少数据量。当某些字段（如"年龄"字段）的取值很多时，会不利于数据分析，因此我们需要对字段值进行归约处理。

常用的减少字段值的方法是数据泛化，它是指把较低层次的概念用较高层次的概念来替换。例如，用青年、中年和老年分别代替 20～35、36～50 和 51～70 的年龄区间值，用省级代替地市级的概念等。需要注意的是，并不是取值很多的字段都需要泛化，若某字段没有概念分层，则该字段不需要泛化。概念分层意味着某字段可以有不同程度的分类，如客户地址"广东省广州市黄埔区"，该地址的省级层次是"广东省"，地市级层次是"广州市"，层次（这里指行政级别）越高，取值范围越小。至于泛化的层级，则需要根据分析需求来确定，并不是层级越高就越好。层级太高可能会导致取值范围太小而不利于分析，如果层级过低，则得到的层级又可能未包含有用信息。

综上所述，在对数据进行泛化前，需要对所有字段进行分析，如果符合两个条件，即字段的取值很多和字段有概念分层，则可进行泛化处理。

小贴士

进行数据归约处理，可以得到的结果如下：①计算时间：获得较简单的数据，即经过数据归约后的结果，可减少数据挖掘消耗的时间。②预测/描述精度：估量了数据归纳和概括为模型的好坏。③数据挖掘模型的描述：简单的描述通常来自数据归约，这样模型可以被更好地理解。

3.5.2　数据归约的实现方法

【理论基础】

在分析员工考核成绩时，我们通常需要按照具体成绩对考核结果进行分级，如 60 分以下为"不及格"，60 分至 70 分（不含）为"及格"，70 分至 80 分（不含）为"中等"，80 分至 90 分（不含）为"良好"，90 分至 100 分（含）为"优秀"。下面以归约考核成绩为例，介绍一下数据归约的重点操作。

【实战案例】

案例素材	原始文件：素材\第 3 章\归约考核成绩——原始文件 最终效果：素材\第 3 章\归约考核成绩——最终效果	 微课视频

（1）获取数据

01　启动 Power BI Desktop，切换到【主页】选项卡，在【数据】组中单击【获取数据】下拉按钮，从下拉列表中选择【Excel 工作簿】选项，然后在【打开】对话框中选择需要导入的 Excel 工作簿文件"归约考核成绩——原始文件"，单击【打开】按钮，将其导入 Power BI。

02　弹出【导航器】对话框，在对话框左侧勾选【员工考核成绩】复选框，然后单击【转换数据】按钮，如图 3-86 所示。弹出【Power Query 编辑器】窗口，如图 3-87 所示。

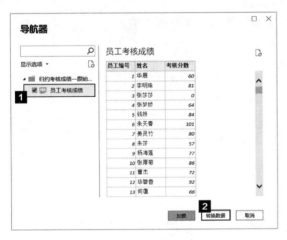

图 3-86

图 3-87

（2）更改员工编号的数据类型

在将数据加载到 Power Query 编辑器后，由于员工编号是以"0"开头的数字，因此系统自动将其数据类型转换为整数，为了使其显示为原来的格式，用户需要将数据类型设置为文本。

03　选中"员工编号"列，切换到【主页】选项卡，单击【转换】组中的【数据类型】下拉按钮，从下拉列表中选择【文本】选项，如图 3-88 所示。

04　弹出【更改列类型】对话框，提示"所选列具有现有的类型转换……"，如图 3-89 所示。此时在【查询设置】窗格的【应用的步骤】列表框中可以看到步骤"更改的类型"，如图 3-90 所示。这是系统自动添加的，把原始的"文本"格式自动转换成了"整数"，因此再次执行将"整数"转换成"文本"的操作后，需要替换当前转换，即在【更改列类型】对话框中需要单击【替换当前转换】按钮，如图 3-89 所示。操作完成后，效果如图 3-91 所示。

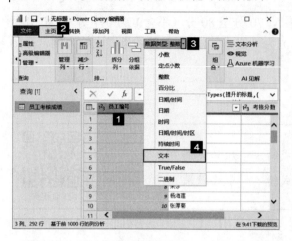

图 3-88

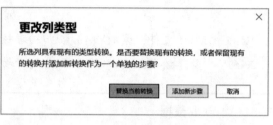

图 3-89

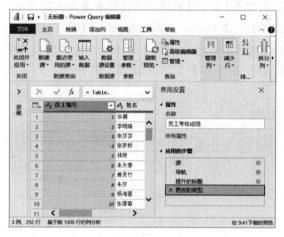

图 3-90

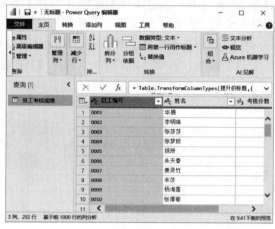

图 3-91

（3）归约数据

添加新列，对员工的考核分数进行分组。

05　切换到【添加列】选项卡，在【常规】组中单击【条件列】按钮，如图 3-92 所示。

06　弹出【添加条件列】对话框，在【新列名】文本框中输入"考核成绩分组"，然后按图 3-93 所示设置条件。当考核分数的值小于 60 时，输出"不及格"，当考核分数的值小于 70 时，输出"及格"，当考核分数的值小于 80 时，输出"中等"，当考核分数的值小于 90 时，输出"良好"，当考核分数的值大于或等于 90 时，输出"优秀"，最后单击【确定】按钮即可。

（4）关闭并应用数据

数据转换完成后，将其加载到 Power BI 中。

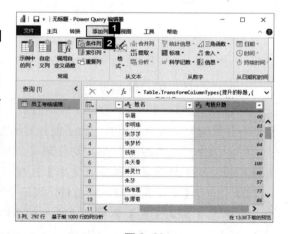

图 3-92

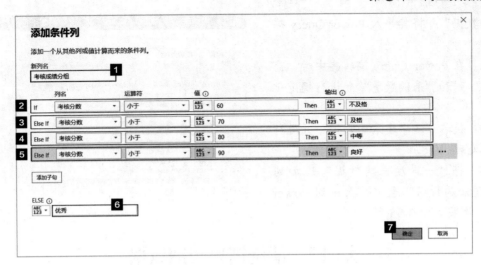

图 3-93

07　切换到【主页】选项卡，单击【关闭】组中的【关闭并应用】按钮，如图 3-94 所示。稍等一会儿即可完成加载。

图 3-94

章节实训

实训 1　集成各季度采购数据

【实训目标】

本章介绍了数据集成的内容，为帮助大家巩固重点知识，提高实操能力，本实训以集成各季度采购数据为例，要求在数据规范化的基础上，对数据进行集成处理并上传到 Power BI 中。

【实训操作】

01　启动 Power BI Desktop，获取 Excel 工作簿文件"实训素材\第 3 章　实训\一季度采购数据"并将其导入 Power Query 编辑器。

02　在 Power Query 编辑器中对"商品价格"列和"采购数量"列进行规范化处理。

03　获取"二季度采购数据"并进行规范化处理。

04　将"一季度采购数据"追加到"二季度采购数据"表中并上传到 Power BI 中，效果如图 3-95 所示。

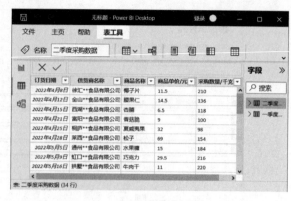

图 3-95

实训 2　清洗销售明细数据

【实训目标】

本章介绍了数据清洗的内容，为帮助大家巩固重点知识，提高实操能力，本实训以清洗销售明细数据为例，要求将销售明细数据清洗为规范数据并上传到 Power BI 中。

【实训操作】

01　启动 Power BI Desktop，获取 Excel 工作簿文件"实训素材\第 3 章 实训\清洗销售明细数据——原始文件"并将其导入 Power Query 编辑器。

02　在 Power Query 编辑器中填充缺失的"下单日期"数据，将"商品编码"列中的英文字母全部转换为大写字母，将缺少前缀"FK"的"支付方式"列补齐。

03　清洗完成后，将数据上传到 Power BI 中，并将数据表重命名为"销售明细数据"，效果如图 3-96 所示。

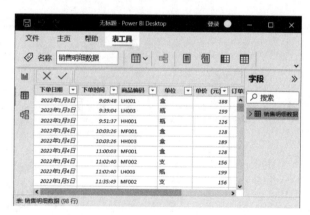

图 3-96

实训 3　转换员工考核结果

【实训目标】

本章介绍了数据转换的内容，为帮助大家巩固重点知识，提高实操能力，本实训以转换员工考核结果为例，要求对员工考核结果数据进行转换处理，使其更利于数据处理与分析，最后上传到 Power BI 中。

【实训操作】

01 启动 Power BI Desktop，获取 Excel 工作簿文件"实训素材\第 3 章 实训\转换员工考核结果——原始文件"并将其导入 Power Query 编辑器。

02 在 Power Query 编辑器中，将"员工编号"列的数据类型设置为"文本"；对"考核情况"列的数据进行拆分、逆透视操作。

03 转换完成后，将数据上传到 Power BI 中，并将数据表重命名为"员工考核结果"，效果如图 3-97 所示。

图 3-97

实训 4 归约会员年龄数据

【实训目标】

本章介绍了数据归约的内容，为帮助大家巩固重点知识，提高实操能力，本实训以归约会员年龄数据为例，要求对会员年龄数据进行归约处理并上传到 Power BI 中。

【实训操作】

01 启动 Power BI Desktop，获取 Excel 工作簿文件"实训素材\第 3 章 实训\归约会员年龄数据——原始文件"并将其导入 Power Query 编辑器。

02 在 Power Query 编辑器中，将"会员编码"列的数据类型设置为"文本"；添加条件列对会员年龄进行归约处理，即用青年、中年和老年分别代替 35（含）以下、36 ~ 50（含）和 51（含）以上的年龄取值。

03 归约完成后，将数据上传到 Power BI 中，效果如图 3-98 所示。

图 3-98

思考与练习

一、不定项选择题

1. Power Query 编辑器具有以下哪些优势？（　　　）

A．操作简单　　　　　　　　　　　　B．数据无限制

C．多数据源连接　　　　　　　　　　D．处理过程自动记录

2．Power Query 编辑器主要由以下哪些部分组成？（　　　）

A．功能区　　　　　B．【查询】窗格　　　C．中间窗格　　　D．【查询设置】窗格

3．以下选项中，属于数据归约的方法有（　　　）。

A．字段归约　　　　　B．记录归约　　　　　C．数据归约　　　　D．字段值归约

二、判断题

1．从各种来源获取的商业数据不能直接用于数据分析。用户需要对其进行预处理，从而提高数据质量，为后期商业数据的统计与分析工作打好基础。（　　　）

2．数据预处理是商业数据分析最麻烦但最具有挑战性的环节。（　　　）

3．逆透视是 Power Query 编辑器中将一维表转换成二维表的操作。（　　　）

三、简答题

1．简述打开 Power Query 编辑器的方法。

2．简述在数据集成过程中需要考虑的因素。

3．简述对缺失值进行补全的方法。

四、实操题

1．将"习题素材与答案\第 3 章　习题素材与答案\转换各门店商品销售额——原始文件"工作簿中的数据导入 Power BI Desktop，然后对数据进行转换处理，使其由二维表转换为一维表。

2．将"习题素材与答案\第 3 章　习题素材与答案\归约会员消费等级——原始文件"工作簿中的数据导入 Power BI Desktop，然后对会员消费额数据进行归约处理，按照消费额的大小对消费等级进行划分［消费额在 500 元以下，划分为"1 级；消费额在 500（含）～1500 元，划分为"2 级"；消费额在 1500（含）～3000 元，划分为"3 级"；消费额在 3000（含）～4000 元，划分为"4 级"；消费额在 4000（含）～5000 元，划分为"5 级"；消费额大于或等于 5000 元，划分为"6 级"］。

第**4**章　商业数据分析模型

相对简单的来自单个数据源的商业数据，经过预处理操作后，加载到 Power BI Desktop 中，可以直接进入分析、制作可视化对象的流程。但如果要进行相对复杂的数据分析，当面对来自多个数据源的大量数据时，分析人员就需要建立数据分析模型（以下简称"数据模型"），处理各个表之间多个数据元素之间的链接关系。在 Power BI Desktop 中建立数据模型使用的是 Power Pivot 组件和 DAX 语言。

本章将从了解数据建模开始，对 Power Pivot 组件、DAX 语言基础、管理数据关系、创建数据表中的元素等内容进行具体介绍。

学习目标

1．了解什么是数据建模
2．了解数据建模的工具——Power Pivot 组件
3．掌握 DAX 语言基础
4．了解关系的概念
5．掌握管理关系的方法
6．掌握创建数据表中的元素的方法

4.1　数据建模

【内容概述】

在学习如何对数据进行建模之前，我们首先要对数据建模有初步的了解，明确什么是数据建模，数据建模的作用是什么，以及使用什么工具来建模。在对数据建模有了正确的认识后，再来学习具体的操作方法就会更容易理解。

【重点知识】

一、数据建模的概念
二、数据建模的作用
三、Power Pivot 组件
四、DAX 语言

4.1.1　什么是数据建模

通常，在实际的数据分析过程中，我们往往面对的并非一个表，而是连接到多个数据源或多个表进行数据分析并创建报表，此时就需要创建不同数据源之间的逻辑连接，即建立表与表之间的关系，让所有数据协同工作。

Power BI 可以从多种来源、多个表格的数据中，根据不同的维度、不同的逻辑来聚合分析数据，而提取数据的前提是将这些数据表建立关系，这个建立关系的过程就是数据建模。

下面我们以一个简单的示例来认识数据建模。

某店铺的"销售明细"表中详细记录了每天的销售明细，包括订单编号、商品编码、商品单价、销售数量、顾客账号等信息，如图 4-1 所示。

	A	B	C	D	E	F	G	H	I
1	下单日期	订单编号	商品编码	商品单价/元	销售数量	享受折扣	实际付款/元	顾客账号	付款方式编码
2	2022/1/1	35831235807038	SL0009	27.00	1	1.00	27.00	135****6374	FK01
3	2022/1/2	46470865764386	SL0003	88.00	1	0.92	80.96	138****5690	FK02
4	2022/1/3	63058741939707	SL0012	25.00	1	1.00	25.00	135****6602	FK03
5	2022/1/4	56330694894878	SL0016	12.00	1	0.95	11.40	135****5379	FK04
6	2022/1/5	39014985266240	SL0013	12.00	1	0.99	11.88	137****4643	FK05
7	2022/1/6	47921053668858	SL0007	16.00	1	1.00	16.00	139****3153	FK01
8	2022/1/7	42546023400430	SL0004	16.00	1	0.92	14.72	135****2888	FK02
9	2022/1/8	42839275227705	SL0010	38.00	1	1.00	38.00	136****6967	FK03
10	2022/1/9	69441542974507	SL0001	129.00	1	0.95	122.55	135****7596	FK04
11	2022/1/10	42847442539120	SL0011	58.00	1	0.99	57.42	135****1579	FK05
12	2022/1/11	64357064435382	SL0013	12.00	1	0.92	11.04	135****7638	FK02

销售明细 +

图 4-1

为了能按商品、类别、日期和付款方式等维度来分析销售金额，我们分别建立"商品参数"表、"商品类别"表、"顾客信息"表、"销售明细"表和"折扣参数"表，如图 4-2 所示。

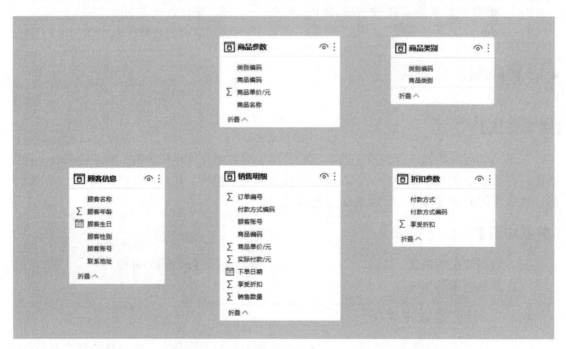

图 4-2

仔细观察这几个表会发现，一些表之间有共同字段，如"商品参数"表与"销售明细"

表的共同字段是"商品编码","商品参数"表与"商品类别"表的共同字段是"类别编码","顾客信息"表与"销售明细"表的共同字段是"顾客账号","销售明细"表与"折扣参数"表的共同字段是"付款方式编码"。通过这些共同字段就可以建立表间关系,如图 4-3 所示。关于建立关系的具体方法,4.3 节会详细介绍。

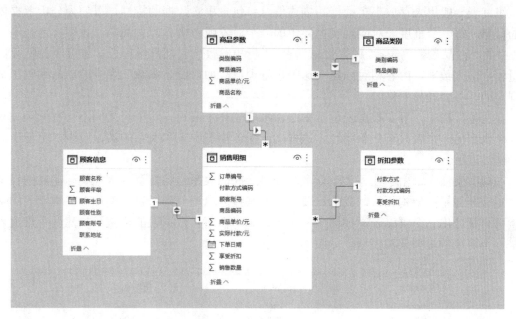

图 4-3

以上就是一个简单的数据模型。通过该模型,用户可以直接关联多个表,并从多个维度对销售数据进行分析,这就是数据模型的"威力"。

数据模型是数据分析的基础,一个良好的数据模型并不只是一个概念,它可以将多个表像一个表一样地使用;它是解决方案的基础,也是良好报告的基础。数据模型建得好,数据分析人员才能更高效地完成数据分析。

数据建模看似简单,实现起来却并不容易,尤其是在复杂的数据分析以及表数量较多的情况下。例如,要明确在哪些表之间建立关系、要建立什么样的关系等。

要建立一个好的数据模型,就要熟悉业务,弄清数据背后的业务逻辑,然后结合分析需求,深入思考自己需要做什么分析、需要哪些数据、这些数据存在于哪些表中等。数据建模的过程其实也是逻辑思考的过程,如果没有好好思考,几乎不可能建立一个好的模型,也就不能有效地解决问题。

生成优秀的数据模型的关键在于解决数据混乱的问题。星型架构是常用的一种简化数据模型的方法,其架构模式如图 4-4 所示。

图 4-4

星型架构中有两种类型的表:事实数据表和维度表。事实数据表中的一行数据代表一条记录，或者说代表一个业务事件。事实数据表中存放着大量的业务数据，它是数据仓库的核心。例如，图 4-3 中的"销售明细"表就是一个事实数据表，其中的销售数量、实际付款/元就是我们分析的目标。事实数据表的特征：数据量庞大，列数少，每天会增加内容（这个很好理解，因为事实数据表是一个业务表，肯定不断有新的数据加进来）。

维度表一般用来存放事实数据的描述信息，包含事实数据的特性，以便为分析者提供有用的信息。每一个维度表对应现实世界中的一个对象或者概念，如商品、顾客、地区等。图 4-3 中的"商品参数"表、"顾客信息"表、"折扣参数"表都是维度表。维度表的特征：数据量较小，列数多，内容相对固定（这个也好理解，如"商品参数"表中的商品编码等基本是固定的，不会轻易变化）。

在星型架构中，事实数据表位于中心，维度表环于四周。两个表之间不会有循环关系，即一个表到另一个表只有一条路径，这样就会保证模型中表和关系的数量较少，更便于模型的构建和理解。

在现实生活中，由于业务类型众多，表格之间的关系错综复杂，因此实际建立的模型并不一定完全与星型架构相符，我们只要努力使其接近星型架构即可。例如，在维度表的基础上，可再延伸出一个维度表，如图 4-3 所示；或者在事实数据表的周围只构建两个维度表，这是一个简单的星型架构模型，如图 4-5 所示。

图 4-5

4.1.2 Power Pivot 组件和 DAX 语言

1. Power Pivot 组件

Power Pivot 指的是一组应用程序和服务，它们为创建和共享商业智能提供了端到端的解决方案。Power Pivot 通过使用其内存中的引擎和高效的压缩算法，能以极高的性能快速处理并分析大型数据集。

Power BI 中嵌入了 Power Pivot 组件，用户利用该组件可以进行数据建模、建立关系及创建计算的操作。说起 Power Pivot，可能很多人会觉得陌生，但是如果说起 Excel 的数据透视表，应该每个使用过 Excel 的人都知道。其实数据透视表的英文名为 Pivot Table，Pivot 本质上可以理解为筛选器和计算器，包括切片器筛选、整表筛选、列筛选、行筛选、输出值等，我们可以根据这种层层筛选得到对应的分析结果。而 Power Pivot，则可以简单解释为是 Excel

数据透视表（Pivot Table）的升级。

比起数据透视表，Power Pivot 的优势主要体现在以下 3 个方面。

（1）**构建多表联系，搭建数据模型**。数据透视表连接的是单个的数据表，而 Power Pivot 可以利用关系构建多个表的联系，可以搭建庞大的数据模型，所以它是一个数据建模工具。换言之，我们学习 Power Pivot 其实就是在学习数据建模。

（2）**高效处理数据，学习门槛较低**。在 Excel 中，每个工作表能存储的数据量有限，当达到百万级数据处理量时，处理速度会变慢，严重影响工作效率。而复杂的 BI 解决方案学习难度大，技术门槛高，使普通用户掌握起来比较困难。Power Pivot 是介于 Excel 和复杂 BI 工具之间的一种工具，它既可以处理千万级数据，又可以和 Excel 深度融合，使普通用户可以轻松上手。

（3）**分析功能强大，进行深入探索**。Excel 的数据透视表只能完成基本的聚合运算以及有限的扩展，如求和、平均值等。对于类似同比、环比、ABC 分析等稍微复杂的分析，Excel 数据透视表往往很难实现。而 Power Pivot 可以直接从一个或多个来源获取数据，构建各种各样的计算列和度量值，搭建数据模型并直接形成"超级透视表"进行深入的数据探索。因此，Power Pivot 被称为微软近 20 年来最伟大的发明之一。

Power Pivot 数据建模是数据呈现的基础，也是 Power BI 组件的灵魂和核心，如图 4-6 所示。

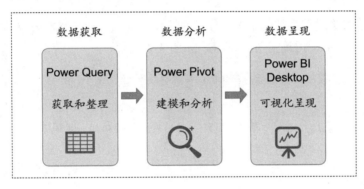

图 4-6

2．DAX 语言

DAX（Data Analysis Expression）是数据分析表达式，用来计算并返回一个或多个值的函数、运算符和常量的集合。

DAX 语言是一种专门为计算数据模型中的商业逻辑而设计的语言，Power Pivot 数据建模使用的语言就是 DAX 语言。它允许用户在 Power BI 的"表"、"计算列"和"度量值"中自定义计算，通过模型中已有的数据创建和处理新信息。DAX 语言主要有以下 3 个特点。

（1）易于使用。DAX 语言使用标准的 Excel 公式语法，并且与 Excel 共用一部分函数。

（2）处理关系数据。基于表、列和关系建立的数据模型。

（3）透视表交互。基于数据库建立的透视表进行数据分析。

DAX 语言是以公式的方式来完成计算的，因此也叫公式语言。DAX 语言中最主要的部分就是函数，其中既包含 Excel 公式中使用的函数，也包含用于处理关系数据和执行动态聚合的函数。对于日常工作中约 80%的计算，使用"快度量值"功能就可以完成，其他不常用的函数仍然需要通过手动输入来完成。在 Power BI Desktop 中，DAX 语言可以协助用户高效建立数据模型。

4.2 DAX 语言基础

【内容概述】

掌握 DAX 语言的用法，可以实现非常复杂的计算，以满足业务分析需求。DAX 语言主要包括语法规则、上下文和函数等几部分，本节将对其分别进行介绍。

【重点知识】

一、DAX 语言的语法规则
二、DAX 语言的上下文
三、DAX 语言的常用函数

4.2.1 DAX 语言的语法规则

DAX 语言的语法规则也就是 DAX 公式的编写规则。一个 DAX 公式通常包含表达式名称、等号、函数、引用、运算符等几部分，如图 4-7 所示。

图 4-7

1．表达式名称

DAX 公式中等号左侧的部分是表达式名称，如果 DAX 建立的是度量值，它就是度量值名称；如果建立的是计算列，它就是计算列名；如果建立的是一个新表，它就是表名。

2．等号

表达式名称右侧是等号，等号表示公式的开始，其后是完成各种计算的表达式。

3．函数

Power BI Desktop 提供了大量的内置函数，函数后面都用一对圆括号标注参数。大多数函数需要一个或多个参数（包括表、列、表达式或值），参数之间用英文逗号分隔。有些函数不需要任何参数，但仍需要用一对圆括号来标注空参数。此外，函数中还可以嵌套函数，函数的返回结果可能是单个值、列或一个表。关于 DAX 语言的常用函数，请参见 4.2.3 节的内容。

小贴士

DAX 函数不区分大小写，但是在编写公式时，为了 DAX 的简洁统一，建议都使用大写字母。

4. 引用

Excel 中的公式对单元格进行操作，引用的都是单元格区域；而 DAX 公式对列字段进行操作，公式中除了引用列，还可能涉及度量值和表的引用。

在引用列和度量值时，名称必须放在方括号中，如[价格]、[数量]。在引用表时，当表名称包含空格或其他特殊符号时，则必须将名称放在单引号中，否则可以直接使用名称。

引用列时，如果列不属于当前数据表，则必须使用数据表名称限定列名，如"'销售明细'[数量]"，表示"销售明细"表中的"数量"列。因为列和度量值都是用方括号[]标识，为便于区分和增强代码的可读性，建议列字段始终跟随表名一起书写，实现完全限定，避免出现误解；而度量值始终不带表名，因为度量值不依赖于任何表，它是独立存在的，可以单独书写。这样就很容易区分列和度量值了。

5. 运算符

DAX 语言支持 4 类运算符：算术运算符、比较运算符、文本串联运算符和逻辑运算符。算术运算符用于执行算术运算，运算结果为数值。常用的算术运算符如表 4-1 所示。

表 4-1　　　　　　　　　　　常用的算术运算符

符号	含义	举例
+	加法运算	3+5
—	减法运算或负号	3-5
*	乘法运算	3*5
/	除法运算	3/5
^	求幂	3^5

比较运算符用于比较数据关系，运算结果为逻辑值 TRUE 或 FALSE。表 4-2 所示为常用的比较运算符。

表 4-2　　　　　　　　　　　常用的比较运算符

符号	含义	举例
=	等于	[数量]=100
>	大于	[数量]>100
<	小于	[数量]<100
>=	大于或等于	[数量]>=100
<=	小于或等于	[数量]<=100
<>	不等于	[数量]<>100

文本串联运算符用于将两个及两个以上的文本字符串连接成一个字符串。表 4-3 所示为

常用的文本串联运算符。

表 4-3 <span></span> 常用的文本串联运算符

符号	含义	举例
&	连接或串联两个及两个以上文本字符串	"ABC"&","&"123"

逻辑运算符用于执行逻辑运算，运算结果为逻辑值 TRUE 或 FALSE。表 4-4 所示为常用的逻辑运算符。

表 4-4 <span></span> 常用的逻辑运算符

符号	含义	举例
&&	逻辑与，当两个结果都为 TRUE 时，运算结果为 TRUE，否则为 FALSE	[数量]=100 && [金额]>200
||	逻辑或，当两个结果都为 FALSE 时，运算结果为 FALSE，否则为 TRUE	[数量]>100 || [金额]>100

DAX 公式具有以下特点。

（1）DAX 公式不能修改表中原有的数据，只能添加新数据。

（2）可以用于创建计算列、度量值和表，但不能用于创建计算行。

（3）不限制函数的嵌套调用。

（4）列、度量值和表的名称不区分大小写。

小贴士

在编写 DAX 公式时，出现多层嵌套是很常见的情况，如果将所有的代码写在一行，将会很难理解。为了增强 DAX 公式的可读性，大家需要养成很好的代码编写习惯，应该注意以下建议。

（1）如果函数只有一个参数，建议写在一行。

（2）如果函数有两个或两个以上参数，建议每个参数都另起一行，这样嵌套关系就很容易区分，不会混乱。

（3）当对函数进行分行时，以下几点需要注意。

①函数的左圆括号 "(" 要与函数在同一行；②换行后参数的位置应在函数对齐位置开始缩进 4 个字符，表示上下级关系；③函数的右圆括号 ")" 应与函数开始的位置对齐；④两个参数之间的逗号 "," 应位于前一个参数的同一行；⑤如果要对表达式进行分行，则运算符应作为新行的首字符。

知识链接

DAX 公式与 Excel 公式类似，两者的主要区别如下。

（1）Excel 公式可以直接引用单个单元格或某个单元格区域。DAX 公式只能直接引用完整的数据列或数据表，通过筛选器或函数，可获得列或表中的部分引用。

（2）DAX 公式与 Excel 公式中的数据类型不完全相同。DAX 提供的数据类型要比 Excel 多，在 Power BI 中导入数据时，DAX 会自动对某些数据进行类型转换。

4.2.2　DAX 语言的上下文

DAX 语言中一个很重要的概念是上下文。上下文（Context）在众多的程序设计语言中，代表了变量、函数和程序的运行环境。简单来说，上下文就是 DAX 所处的外部环境。

什么是环境？对于初学者来说，这个词可能不太好理解。如果说到语境，大家可能就比较熟悉了。在汉语中，语境就是语言环境。一个字或词的意思。只看字或词本身可能很难得到完整的解释，甚至可能会产生歧义，而通过该字或词所处的语言环境，结合前后文，我们就能很容易知道它到底是什么意思，这就是语言环境的重要性。

在编程语言中也是一样的道理，对于一些编程构建（如函数），我们需要考虑它所处的编译或运行环境，才能理解它的语意或运行结果。例如子程序之于程序，进程之于操作系统，甚至 App 的某个界面之于 App，都是同样的道理。程序执行了部分到达子程序，子程序要获得结果，要用到程序之前的一些结果；在 App 上点击一个按钮进入一个新的界面，要保存是从哪个界面跳转来的信息，以便点击返回时能正确跳回，如果不保存该信息肯定就无法正确跳回。这就是上下文对于 DAX 语言的重要性。

DAX 语言中有两种上下文：行上下文和筛选上下文（即列上下文）。

行上下文可以理解为当前记录（当前行）。行上下文对字段的横向操作就是行上下文操作。以图 4-8 所示的数据为例，对每行数据求出"销售金额"（销售金额=销售单价×销售数量），在计算时，会应用每行中的"商品单价/元"和"销售数量"列的数据，此时的行就是当前计算的行上下文。结果如图 4-9 所示。

	A	B	C	D	E
1	下单日期	订单编号	商品编码	商品单价/元	销售数量
2	2022/1/1	35831235807038	SL0009	27	3
3	2022/1/1	46470865764386	SL0003	88	5
4	2022/1/1	63058741939707	SL0012	25	2
5	2022/1/2	56330694894878	SL0016	12	1
6	2022/1/2	39014985266240	SL0013	12	4

图 4-8

筛选上下文可以理解为作用于表的筛选条件，函数应用筛选出的数据完成计算。例如，对每条数据记录判断下单日期是否为"2022/1/1"，就是筛选上下文操作。结果如图 4-10 所示。

	A	B	C	D	E	F
1	下单日期	订单编号	商品编码	商品单价/元	销售数量	销售金额/元
2	2022/1/1	35831235807038	SL0009	27	3	81
3	2022/1/1	46470865764386	SL0003	88	5	440
4	2022/1/1	63058741939707	SL0012	25	2	50
5	2022/1/2	56330694894878	SL0016	12	1	12
6	2022/1/2	39014985266240	SL0013	12	4	48

图 4-9

	A	B	C	D	E
1	下单日期	订单编号	商品编码	商品单价/元	销售数量
2	2022/1/1	35831235807038	SL0009	27	3
3	2022/1/1	46470865764386	SL0003	88	5
4	2022/1/1	63058741939707	SL0012	25	2

图 4-10

上下文的概念可能理解起来较简单，但它也是 DAX 语言中最复杂的概念，读者要彻底地理解其细节和精妙之处，还需要花费一定的时间和精力来学习。也就是说，只有真正理解了上下文，才能真正掌握 DAX 语言。

4.2.3　DAX 语言的常用函数

函数是发生在集合之间的一种对应关系，它通过使用特定值、调用参数，按特定的顺序和结构来执行计算。

DAX 函数对内置函数的参数名称进行了标准化，方便用户使用和理解函数。DAX 语言常用函数的参数及说明如表 4-5 所示。

表 4-5   DAX 语言常用函数的参数及说明

参数	说明
expression	表示返回单个数值的任何 DAX 表达式，其中，表达式将被计算多次（针对每行/上下文）
value	表示返回单个数值的任何 DAX 表达式，其中，表达式在所有其他操作之前只被计算一次
table	表示返回数据表的任何 DAX 表达式
tableName	使用标准 DAX 语法的现有表的名称。它不能是表达式
columnName	使用标准 DAX 语法的现有列的名称，通常是完全限定的名称。它不能是表达式
name	一个字符串常量，用于提供新对象的名称
order	用于确定排列顺序的枚举常量
ties	用于确定捆绑值处理的枚举常量
type	用于确定 PathItem 和 PathItemReverse 数据类型的枚举常量

DAX 语言有 200 多个函数，按类型可以分为聚合函数、日期和时间函数、时间智能函数、筛选器函数、逻辑函数、数学和三角函数、文本函数、信息函数等。

1. 聚合函数

聚合函数也称统计函数，计算由表达式定义的列或表中所有行的（标量）值，如计数、求和、平均值、最小值或最大值等。常用的 DAX 聚合函数如表 4-6 所示。

表 4-6   常用的 DAX 聚合函数

函数表达式	说明	举例
SUM(<column>)	对某一列中的所有数值求和	=SUM(' 销售明细 '[销量])
SUMX(<table>, <expression>)	返回为表中的每一行计算的表达式的和	=SUMX(' 销售明细 ',[单价]*[销量])
MAX(<column>)	返回列中的最大值	=SUM([销售额])
MAXX(<table>, <expression>)	为表的每一行计算表达式的值，并返回最大值	=MAXX(' 销售明细 ',[单价]*[销量])
MIN(<column>)	返回列中的最小值	=MIN(' 销售明细 '[销量])
MINX(<table>, <expression>)	返回对表中每一行的表达式进行计算而得出的结果的最小值	=MINX(' 销售明细 ',[单价]*[销量])
AVERAGE (<column>)	返回列中所有数值的平均值（算术平均值）	=AVERAGE(' 销售明细 '[销量])
AVERAGEA (<column>)	返回列中值的平均值（算术平均值），包含文本和非数字值	=AVERAGEA(' 销售明细 '[销量])
AVERAGEX(<table>, <expression>)	计算针对表进行计算的一组表达式的平均值（算术平均值）	=AVERAGEX(' 销售明细 ',[线上]+[线下])
COUNT (<column>)	对包含非空值的列的单元格数目进行统计	=COUNT(' 销售明细 '[销量])
COUNTA (<column>)	对不为空的列中的单元格数目进行统计	=COUNTA(' 销售明细 '[销量])
COUNTROWS ([<table>])	对指定表或表达式定义的表中的行数目进行统计	= COUNTROWS(' 销售明细 ')

2．日期和时间函数

DAX 语言中的日期和时间函数与 Excel 日期和时间函数类似，功能都是获取日期和时间。常用的 DAX 日期和时间函数如表 4-7 所示。

表 4-7　　　　　　　　　　　常用的 DAX 日期和时间函数

函数表达式	说明	举例
DATE(<year>, <month>, <day>)	以日期/时间格式返回指定的日期	=DATE(2022,10,1)
DATEVALUE(date_text)	将文本格式的日期转换为日期/时间格式的日期	=DATEVALUE("08/2/22")
YEAR(<date>)	返回日期的年份，即 1900~9999 的 4 位整数	=YEAR("2022/10/8")
MONTH(<datetime>)	返回日期的月份，即 1（一月）~12（十二月）的整数	=MONTH("2022/10/8")
DAY(<date>)	返回日期的日期，即 1~31 的整数	=DAY("2022/10/8")
HOUR(<datetime>)	返回日期的小时数，即 0 (12:00 A.M.) ~23(11:00 P.M.) 的整数	=HOUR("2022/10/8 8:25:16")
MINUTE(<datetime>)	返回日期的分钟数，即 0~59 的整数	=MINUTE("2022/10/8 8:25:16")
SECOND(<time>)	返回日期的秒数，即 0~59 的整数	=SECOND("2022/10/8 8:25:16")
NOW()	以日期/时间格式返回当前日期和时间	=NOW()
TODAY()	返回当前日期	=TODAY()
WEEKDAY(<date>, <return_type>)	返回日期是星期几。return_type 为 1（默认）时，日期值范围是 1（星期日）~7（星期六）；return_type 为 2 时，日期值范围是 1（星期一）~7（星期日）；return_type 为 3 时，日期值范围是 0（星期日）~6（星期六）	=WEEKDAY(NOW() ,2)
WEEKNUM(<date>[, <return_type>])	返回日期是一年中的第几周。return_type 为 1（默认）时，一周从星期日开始；return_type 为 2 时，一周从星期一开始	=WEEKNUM(NOW() ,2)
EDATE(<start_date>, <months>)	返回指定日期加上 months 个月的日期	=EDATE("2022-12-8",3)
YEARFRAC(<start_date>, <end_date>, <basis>)	计算两个日期之间的整日数在一年中占的比例，返回小数	=YEARFRAC("2022/8/5", "2022/12/15",0)
CALENDAR(<start_date>, <end_date>)	返回一个表，其中有一个包含一组连续日期的名为"Date"的列。日期值范围从指定的开始日期到指定的结束日期（这两个日期值包含在内）	=CALENDAR("2022/1/1", "2022/12/31")

3．时间智能函数

时间智能函数用于按时间段（年、月、日和季度）处理日历和日期的相关计算。常用的 DAX 时间智能函数如表 4-8 所示。

表 4-8   常用的 DAX 时间智能函数

函数表达式	说明	举例
DATESBETWEEN(<dates>, <start_date>, <end_date>)	返回一个包含一列日期值的表，这些日期值以指定开始日期，一直持续到指定的结束日期	=DATESBETWEEN('日期表'[日期], "2022/1/1","2022/5/1")
DATEADD(<dates>, <number_of_ intervals>,<interval>)	对指定列中的每个日期值按 interval 指定的类型，加上 number，获得新日期。若新日期在 dates 列包含的日期值范围内，则该新日期包含在返回的表中。interval 的值可以是以下值之一：year、quarter、month、day	=DATEADD('日期表'[日期],3, month)
TOTALMTD (<expression>,<dates> [,<filter>])	计算当前上下文中该月份至今的表达式的值	=TOTALMTD(SUMX('销售明细',' 销售明细'[日期]),'销售明细'[日期]))

与 TOTALMTD()类似，TOTALQTD()、TOTALYTD()可分别计算当前上下文中当前季度、当前年度至今的表达式的值。

4．筛选器函数

筛选器函数可以返回特定数据类型，在相关表中查找值以及按相关值进行筛选。常用的 DAX 筛选器函数如表 4-9 所示。

表 4-9   常用的 DAX 筛选器函数

函数表达式	说明	举例
ALL([<table> | <column> [,<column> [, <column>[,…]]]])	返回一个表，包含表中的所有行和列，或者返回列中的所有行	=ALL('销售明细'[商品],'销售明细'[数量])
CALCULATE(<expression> [,<filter1> [, <filter2> [, …]]])	返回一个表，应用指定筛选条件（filter1, filter2 等）完成表达式（expression）的计算	=CALCULATE(SUM('销售明细'[数量]),YEAR('销售明细'[日期])=2022)
DISTINCT(<column>)	返回由一个列构成的表，列中不包含重复值	=DISTINCT('销售明细'[订单编号])
FILTER(<table>,<filter>)	返回一个表，包含表（table）中符合筛选条件的所有行	=FILTER('销售明细','销售明细'[商品编码]='SL0521'&&'销售明细'[数量]>1000)
RELATED(<column>)	从关联表返回关联的行（前提是两个表之间要建立关系）	=RELATED('商品信息表'[商品价格])

5．逻辑函数

逻辑函数用于对表达式进行逻辑判断，返回表达式中值或集的信息。常用的 DAX 逻辑函数如表 4-10 所示。

表 4-10 常用的 DAX 逻辑函数

函数表达式	说明	举例
AND(<logical1>,<logical2>)	检查两个参数是否均为 TRUE，如果两个参数都是 TRUE，则返回 TRUE，否则返回 FALSE	=AND(' 员工考核 '[企业文化]>75,' 员工考核 '[办公技能]>80)
OR(<logical1>,<logical2>)	检查某一个参数是否为 TRUE，如果是，则返回 TRUE。如果两个参数均为 FALSE，则返回 FALSE	=OR(' 员工考核 '[企业文化]>75,' 员工考核 '[办公技能]>80)
NOT(<logical>)	将 FALSE 更改为 TRUE，或者将 TRUE 更改为 FALSE	=NOT(' 员工考核 '[总分]>90)
IF(<logical_test>, <value_if_true>[, <value_if_false>])	如果条件 logical_test 为 TRUE，则返回 value_if_true，否则返回 value_if_false	=IF([考核平均分]>75," 合格 "," 不合格 ")
IFERROR(value, value_if_error)	如果 value 的值错误，则返回 value_if_error 的值，否则返回 value 的值	=IFERROR([考核平均分]>75," 出错 ")
SWITCH(<expression>, <value>, <result>[, <value>, <result>]...[, <else>])	针对值列表计算表达式，并返回多个可能的结果表达式之一	=SWITCH([week],1," 周一 ",2," 周二 ",3," 周三 ",4," 周四 ",5," 周五 ",6," 周六 ",7," 周日 "," 非法数 ")

6．数学和三角函数

DAX 语言中的数学和三角函数与 Excel 数学和三角函数类似，功能都是实现数学和三角等的科学计算。常用的 DAX 数学和三角函数如表 4-11 所示。

表 4-11 常用的 DAX 数学和三角函数

函数表达式	说明	举例
FLOOR(<number>, <significance>)	将数值 number 向下舍入为最接近的整数，或基数 significance 最接近的倍数	=FLOOR([单价],1)
CEILING(<number>, <significance>)	将数值 number 向上舍入为最接近的整数，或基数 significance 最接近的倍数	=CEILING([单价],0.5)
INT(<number>)	将数值 number 向下舍入为最接近的整数	=INT(-5.3)
TRUNC(<number>, <num_digits>)	返回数值的整数部分，即通过删除数值的小数或分数部分将数值截断为整数	=TRUNC(-5.3,0)
ROUND(<number>, <num_digits>)	将数值舍入成指定的位数	=ROUND(-5.625,2)
RAND()	返回大于或等于 0 并且小于 1 的随机数（平均分布）。每次重新计算包含此函数的单元格时，返回的数值都会更改	=RAND()
RANDBETWEEN (<bottom>,<top>)	返回指定的两个数值之间的一个随机数	=RANDBETWEEN(1,100)

7．文本函数

DAX 语言中的文本函数与 Excel 文本函数非常类似，可以返回部分字符串、搜索字符串中的文本或连接字符串等。常用的 DAX 文本函数如表 4-12 所示。

表 4-12 常用的 DAX 文本函数

函数表达式	说明	举例
EXACT(<text1>,<text2>)	比较两个文本字符串，如果它们完全相同，则返回 TRUE，否则返回 FALSE。EXACT 区分大小写，但会忽略格式差异	=EXACT("ab","ABC")
FIND(<find_text>, <within_ text>[, [<start_num>][, <NotFoundValue>]])	返回一个文本字符串在另一个文本字符串中的起始位置。FIND 区分大小写	=FIND("c","blackabc")
LEFT(<text>, <num_chars>)	从文本字符串开头返回指定数量的字符	=LEFT("abcdef",3)
RIGHT(<text>, <num_chars>)	从文本字符串末尾返回指定数量的字符	=RIGHT("abcdef",3)
MID(<text>, <start_num>, <num_ chars>)	在提供开始位置 start_num 和长度 num_chars 的情况下，从文本字符串 text 中返回字符串	=MID("abcdef",3,2)

8. 信息函数

DAX 语言中的信息函数用于查找作为参数的单元格或行，并判断其值是否与预期的类型匹配。常用的 DAX 信息函数如表 4-13 所示。

表 4-13 常用的 DAX 信息函数

函数表达式	说明	举例
CONTAINS(<table>, <column>, <value>[, <column>, <value>]…)	如果所有引用列的值存在或包含在这些列中，则返回 TRUE，否则返回 FALSE	=CONTAINS(' 销售明细 ',' 销售明细 '[商品编码],530061)
ISBLANK(<value>)	检查值是否为空白，并返回 TRUE 或 FALSE	=ISBLANK(BLANK())
ISERROR(<value>)	检查值是否错误，并返回 TRUE 或 FALSE	=ISERROR(256/0)
ISNUMBER(<value>)	检查值是否为数值，并返回 TRUE 或 FALSE	=ISNUMBER("ABC")
ISTEXT(<value>)	检查值是否为文本，并返回 TRUE 或 FALSE	=ISTEXT("ABC")

4.3 管理数据关系

【内容概述】

在数据建模过程中，首先要进行的就是数据关系的管理。当报表需要使用多个数据表时，正确建立表间关系才能保证分析结果的准确性。本节将从关系的基本概念开始，介绍如何对数据关系进行创建和管理。

【重点知识】

一、关系的基本概念　　　　　　　三、手动创建关系的方法
二、自动检测创建关系的方法　　　四、编辑和删除关系的方法

4.3.1 关系的基本概念

在 Power BI Desktop 中要想正确使用关系，首先需要了解两个概念：基数和交叉筛选器方向。

1. 基数

基数是两个关联表之间的匹配关系。在 Power BI Desktop 中常用的基数有以下几种。

（1）多对一（*:1）：这是最常见的类型，意味着主表中的关联列可有多个值与关联表（查找表）的关联列中的一个值匹配。例如，在"销售明细"表中，同一商品编码会重复出现在多条销售记录中，而在"商品信息"表中，同一商品编码只会出现一次。所以"销售明细"表和"商品信息"表就是"多对一"的关系。

（2）一对多（1:*）：一对多是多对一的反向。例如，"商品信息"表中的商品编码对于"销售明细"表中的商品编码是"一对多"的关系。

（3）一对一（1:1）：意味着两个表的关联列中的值是一一对应的关系。例如，在"员工信息"表和"员工考核"表中，每个员工的数据只出现一次，两个表按"员工编号"列建立的关系就是"一对一"的关系。

2. 交叉筛选器方向

两个表建立关系相当于两个表先做交叉，然后按关联列的值匹配（筛选）两个表中的行。建立关系后，两个关联的表即可当作一个表使用。交叉筛选器方向则是指在一个表中如何根据关联列来匹配另一个表中的行。

在创建关系时，交叉筛选器方向可设置为"单一"（单向）和"两个"（双向）。

单一：意味着只能从一个表根据关联列查找另一个表中的匹配行，而不能反向。

两个：意味着从关联的两个表中的任意一个表，均可根据关联列查找另一个表中的匹配行。

在【编辑关系】对话框中，即可对【基数】和【交叉筛选器方向】进行设置，如图 4-11 所示。

图 4-11

4.3.2 自动检测创建关系

【理论基础】

在 Power BI Desktop 中，如果要查询两个或多个表格，在加载数据时，Power BI Desktop 将查看表格中正在查询的列名，然后尝试创建关系，如果存在关系，将自动在关联列之间创建关系，并自动设置基数和交叉筛选器方向。如果无法确定存在匹配项，则不会自动创建关系。

在导入数据后，用户也可以使用自动检测功能来创建关系。自动检测功能不一定能使用户找出数据表中所有的关系，但是能帮助用户快速创建和管理关系。下面介绍一下自动检测创建关系的具体操作。

【实战案例】

案例素材	原始文件：素材\第 4 章\自动检测创建关系——原始文件	
	最终效果：素材\第 4 章\自动检测创建关系——最终效果	微课视频

01 启动 Power BI Desktop，打开本案例素材的原始文件"自动检测创建关系——原始文件"，单击【模型】按钮，切换到模型视图，可以看到本案例当前所有数据表之间的关系。然后切换到【主页】选项卡，单击【关系】组中的【管理关系】按钮，如图 4-12 所示。

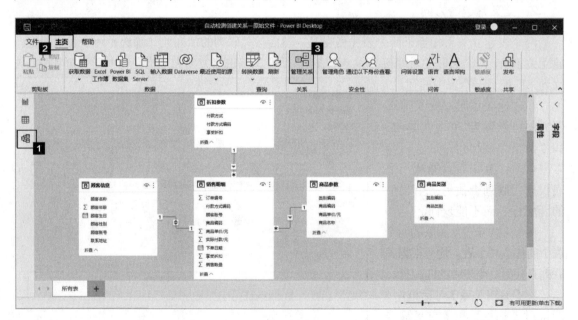

图 4-12

02 弹出【管理关系】对话框，单击【自动检测】按钮，弹出【自动检测】对话框，提示"找到 1 个新关系。"，单击【关闭】按钮，如图 4-13 所示。返回【管理关系】对话框，可以看到增加了一个关系，单击【关闭】按钮即可，如图 4-14 所示。

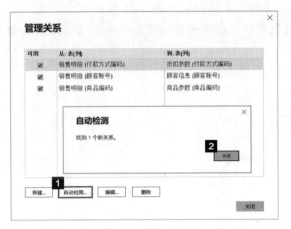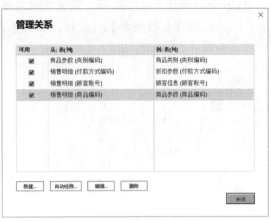

图 4-13　　　　　　　　　　　　　　　　　　图 4-14

4.3.3　手动创建关系

【理论基础】

很多时候用户通过自动检测功能不能实现所有关系的创建，对于系统无法自动识别的关系，还需要手动创建。下面介绍一下手动创建关系的具体操作。

【实战案例】

案例素材	原始文件：素材\第 4 章\手动创建关系——原始文件	
	最终效果：素材\第 4 章\手动创建关系——最终效果	微课视频

01　启动 Power BI Desktop，打开本案例的原始文件"手动创建关系——原始文件"，单击【模型】按钮，切换到模型视图，可以看到本案例当前所有数据表之间的关系，其中"商品参数"表和"商品类别"表中有共同的字段"类别编码"，但是并没有自动链接，因此用户需要手动操作。此时切换到【主页】选项卡，单击【关系】组中的【管理关系】按钮。

02　弹出【管理关系】对话框，单击【新建】按钮，如图 4-15 所示。

图 4-15

03　弹出【创建关系】对话框，从上到下，在第一个下拉列表框中选择【商品参数】，在第二个下拉列表框中选择【商品类别】，此时两表的关联列背景会自动显示为灰色，如果没有自动显示，分别将其选中即可。然后设置好【基数】和【交叉筛选器方向】，通常，Power BI Desktop 会自动设置这些选项。设置完成后单击【确定】按钮，如图 4-16 所示。

　　04　返回【管理关系】对话框，在关系列表中即可看到新建的关系，单击【关闭】按钮即可，如图 4-17 所示。

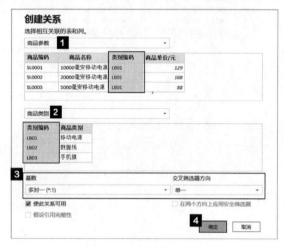

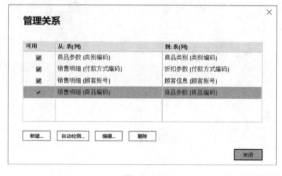

图 4-16　　　　　　　　　　　　　　　　　　　图 4-17

4.3.4　编辑和删除关系

【理论基础】

　　创建关系后，用户可以根据需求对已创建的关系进行编辑。除了模型视图外，Power BI Desktop 还提供了更详细的管理界面来进行关系的管理。如果不需要某个关系，用户可以将其删除。下面介绍一下编辑和删除关系的具体操作。

【实战案例】

案例素材	原始文件：素材\第 4 章\编辑和删除关系——原始文件	
	最终效果：素材\第 4 章\编辑和删除关系——最终效果	微课视频

　　01　启动 Power BI Desktop，打开本案例素材的原始文件"编辑和删除关系——原始文件"，切换到模型视图，单击【关系】组中的【管理关系】按钮，打开【管理关系】对话框。如果要对某个关系进行编辑，首先将其选中（变成灰色背景），然后单击【编辑】按钮，如图 4-18 所示。

　　02　弹出【编辑关系】对话框，可以看到编辑关系和创建关系的选项设置完全相同，用户可以对各选项进行重新设置，如图 4-19 所示。

　　03　如果要删除创建的某个关系，则在【管理关系】对话框中选中要删除的关系，单击【删除】按钮。弹出【删除关系】对话框，单击【删除】按钮即可，如图 4-20 所示。

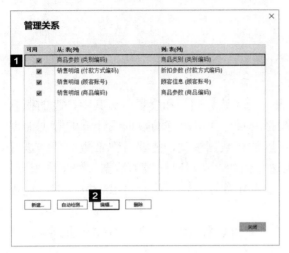

图 4-18

图 4-19

图 4-20

拓展	建模能力

阅读 为什么我们不直接分析数据，而要通过模型分析呢？

因为大部分要分析的对象或内容都非常复杂，由于时间有限、资源有限，我们不可能面面俱到地考察方方面面，这时就需要做出选择，找到关键。而模型就是一系列积累了前人的认识和描述世界的经验。通过模型我们很快就可以分析出结果，这样就会节省大量的时间和资源。因此，学好数据建模是非常重要的。

要成为一个出色的数据分析师，建模能力是必须具备的。

4.4 创建数据表中的元素

【内容概述】

在掌握了数据建模、DAX 语言、管理关系的基本内容后，本节我们将学习几个新的概念：计算表、计算列、度量值和层次结构。这些都是数据建模的核心内容，需要重点掌握。

【重点知识】

一、创建计算表的方法 三、创建度量值的方法

二、创建计算列的方法 四、创建层次结构的方法

4.4.1 创建计算表

【理论基础】

在 DAX 语言中，存储数据有 3 个维度：表、列（计算列）和度量值。其中，表的概念与数据库中的表一样，但它不是从数据源导入的，而是利用现有的数据或计算的数据而创建的新表，被称为"计算表"。创建的计算表可以加入数据模型，能够对你希望的数据进行整理，并获得更深入的理解和更直观的数据表达。例如，在对时间段的数据（如年度报表、季度报表、月报表、周报表等）进行分析时，需要准备日历表，从而对报表按日期维度进行查询。

计算表是利用新建表功能和 DAX 语言中的时间函数来创建的。下面介绍一下创建计算表的具体操作。

【实战案例】

案例素材	原始文件：素材\第 4 章\创建计算表——原始文件 最终效果：素材\第 4 章\创建计算表——最终效果	 微课视频

01　启动 Power BI Desktop，打开本案例素材的原始文件"创建计算表——原始文件"，在报表视图中，切换到【建模】选项卡，单击【计算】组中的【新建表】按钮，如图 4-21 所示。

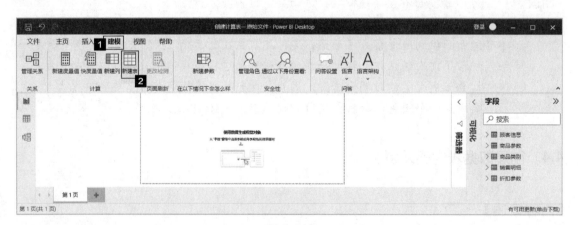

图 4-21

02　【字段】窗格中会出现一个名为"表"的新表，此时在公式栏中输入表达式"日历表 =CALENDAR(DATE(2022,1,1),DATE(2022,12,31))"，如图 4-22 所示。

图 4-22

03 这样即可生成 2022 年度的日历表，在【字段】窗格中，将 "DATE" 字段重命名为 "日期"，如图 4-23 所示。

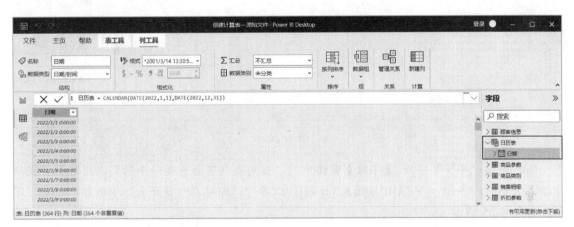

图 4-23

图 4-22 中使用的表格式的含义为，使用 CALENDAR 函数产生 2022 年 1 月 1 日—2022 年 12 月 31 日的日期。由于 CALENDAR 函数中的参数要求是日期类型，因此第 1 个参数与第 2 个参数都需要用 DATE 函数转化成日期。

4.4.2 创建计算列

【理论基础】

计算列也是一个字段，但它不是从原始数据中加载进来的，而是在数据模型中使用 DAX 函数新建的列，这个新建的列可以像原始数据的其他列一样进行使用。我们在进行数据分析的时候，往往需要根据现有的数据生成新的字段，如根据"日期"字段生成年份、月份、季度、星期等字段。

计算列是利用新建列功能和 DAX 函数来创建的。下面介绍一下创建计算列的具体操作。

【实战案例】

案例 素材	原始文件：素材\第 4 章\创建计算列——原始文件 最终效果：素材\第 4 章\创建计算列——最终效果	 微课视频

01 启动 Power BI Desktop，打开本案例素材的原始文件"创建计算列——原始文件"，在【字段】窗格中选中"日历表"，然后在报表视图中，切换到【建模】选项卡，单击【计算】组中的【新建列】按钮，如图 4-24 所示。

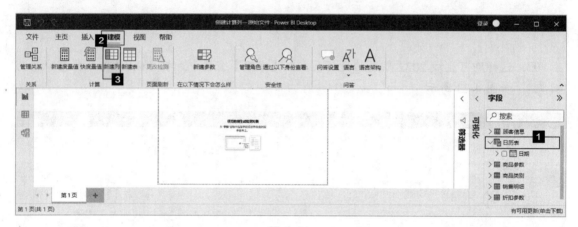

图 4-24

02 创建"年份"字段。【字段】窗格中的"日历表"下会出现一个新列，此时在公式栏中输入表达式"年份 = YEAR('日历表'[日期]) & "年""，即可在"日历表"中创建"年份"字段，如图 4-25 所示。

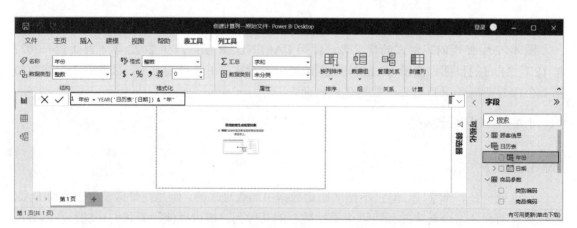

图 4-25

03 创建"月份"字段。切换到【建模】选项卡，单击【计算】组中的【新建列】按钮，然后在公式栏中输入表达式"月份 = FORMAT(MONTH('日历表'[日期]),"00 月")"，如图 4-26 所示。

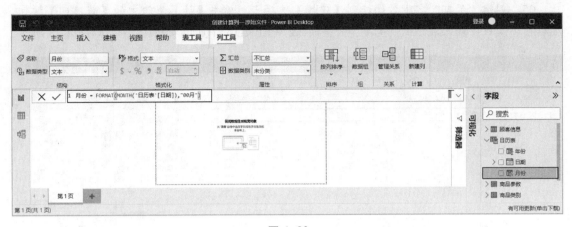

图 4-26

　　04　创建"季度"字段。切换到【建模】选项卡, 单击【计算】组中的【新建列】按钮, 然后在公式栏中输入表达式"季度 ＝ YEAR('日历表'[日期]) & "年第" & ROUNDUP(MONTH('日历表'[日期])/3,0) & "季度"", 如图 4-27 所示。

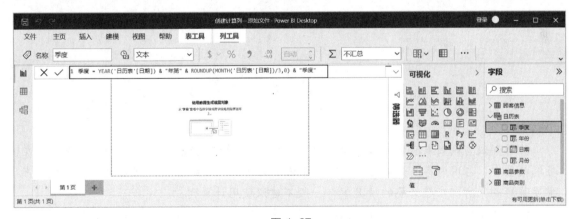

图 4-27

05　创建"星期"字段。切换到【建模】选项卡，单击【计算】组中的【新建列】按钮，然后在公式栏中输入表达式"星期 ="星期" & WEEKDAY('日历表'[日期])"，如图 4-28 所示。

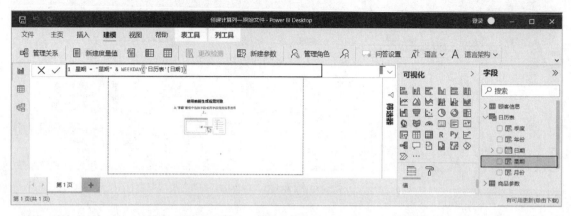

图 4-28

06　选中"日历表"，单击【数据】按钮，切换到数据视图。效果如图 4-29 所示。

图 4-29

> **小贴士**
>
> 　　计算列仅当刷新表数据时，才执行计算所使用的 DAX 函数，计算列的生成值存储在数据模型中，占用内存，如果在很大的表中添加计算列，可能会对模型的内存占用情况产生显著影响。所以在非必要的情况下，一般不建议使用计算列。
>
> 　　计算列不涉及用户交互。计算列的类型和格式等设置与字段的设置相同。

4.4.3　创建度量值

【理论基础】

　　度量值是一个公式，与计算列一样是使用 DAX 创建的，但它不属于任何表。新建的度量值保持休眠状态，不执行计算，直到被用于视觉对象中。度量值的计算结果是动态的，在不同的上下文中会执行不同的计算。它可以响应用户交互，快速重新计算，但不将输出存储在数据模型中，因此对数据模型的物理大小没有影响。

在 Power BI Desktop 的功能区，有以下两个地方可以看到【新建度量值】按钮。

（1）在【主页】选项卡的【计算】组中可以看到【新建度量值】按钮，如图 4-30 所示。

图 4-30

（2）在【建模】选项卡下，同样有这个按钮，如图 4-31 所示。

图 4-31

相同的功能在不同的功能区出现，可见度量值的重要性和使用的频繁程度。其实还不止于此，在【字段】窗格中，在表名或字段名上单击鼠标右键，在弹出的快捷菜单中同样有新建度量值功能。

下面介绍一下创建度量值的具体操作。

【实战案例】

案例 素材	原始文件：素材\第 4 章\创建度量值——原始文件 最终效果：素材\第 4 章\创建度量值——最终效果	 微课视频

01 启动 Power BI Desktop，打开本案例素材的原始文件"创建度量值——原始文件"，在【字段】窗格中找到"销售明细"表，在表名上单击鼠标右键，从弹出的快捷菜单中选择【新建度量值】选项，如图 4-32 所示。

02 在公示栏中输入表达式"总销售额 = SUM('销售明细' [实际付款/元])"，如图 4-33 所示。

度量值创建完成后，在【字段】窗格中可以看到，但是在数据视图下看不到。为了看到度量值的存在，用户需要在报表视图中通过图表将其可视化。

03 在【可视化】窗格中，单击【卡片图】按钮，新建一个卡片图，然后在【字段】窗格中勾选"销售明细"表中的【总销售额】复选框，效果如图 4-34 所示。

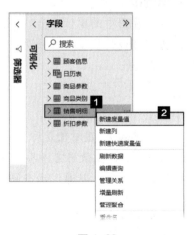

图 4-32

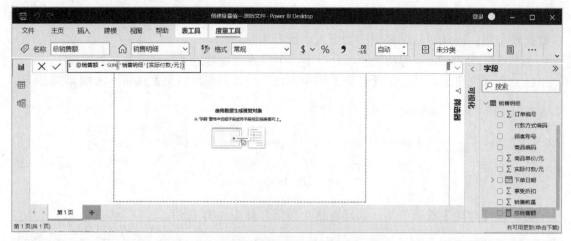

图 4-33

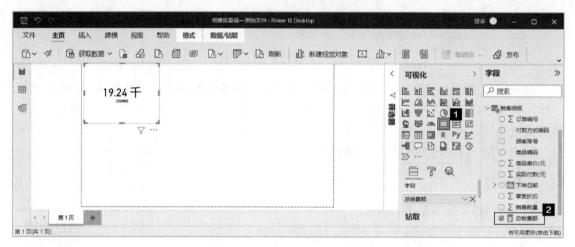

图 4-34

知识链接

卡片图中的单位"千"是 Power BI 中的特殊单位，后续出现相同单位时同理。这里只是为了可视化度量值，并没有对卡片图进行详细介绍，关于卡片图的其他内容在第 5 章会详细介绍。

小贴士

简单来说，度量值是用 DAX 创建的虚拟的数据值，它不改变源数据，也不改变数据模型。如果不在图表上使用它，甚至不知道它是什么样子的，但是通过图表显示出来，便能使它发挥巨大的作用，即通过动态筛选快速响应用户交互，所以度量值一般在用户交互时使用。

由于度量值的数量增加不会影响静态模型（即 Power BI 中呈现出来的。肉眼可见的数据模型）的大小，其运算过程在查询时才被执行，并不占用内存，因此其是数据分析的首先方式。

4.4.4 创建层次结构

【理论基础】

在进行数据分析时，很多数据之间是有层次结构的，如典型的具有层次结构的数据就是日期，包括年、季度、月、日的天然层次结构属性。当数据存在这样的层次结构时，数据就可以进行钻取，如我们在查看季度的销售数据时，若向上钻取则可以查看年份的数据，向下钻取则可以查看月份的数据，这可多维度地展示我们需要的数据。

在 Power BI 中，当模型中存在"日期"字段时，"日期"字段会自动创建日期层次结构。如图 4-35 所示，在【字段】窗格中，【下单日期】字段左侧有一个箭头，单击该箭头会显示日期层次结构，单击【日期层次结构】左侧的箭头，即可看到日期中的"年—季度—月份—日"层次结构。

除日期外，其他类型的数据也会存在层次关系，如商品的类别编码和商品编码也存在层次关系，它们之间的层次结构需要用户手动创建。下面以此为例，介绍如何创建层次结构并进行使用。

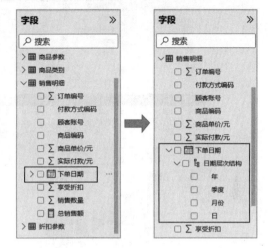

图 4-35

【实战案例】

案例 素材	原始文件：素材\第 4 章\创建层次结构——原始文件
	最终效果：素材\第 4 章\创建层次结构——最终效果

微课视频

01 启动 Power BI Desktop，打开本案例的原始文件"创建层次结构——原始文件"（本案例中已经创建了可视化图表），在【字段】窗格中"商品参数"表下的【类别编码】处单击鼠标右键，从弹出的快捷菜单中选择【创建层次结构】选项，如图 4-36 所示。

02 创建完成后，在【商品编码】上单击鼠标右键，从弹出的快捷菜单中选择【添加到层次结构】→【类别编码 层次结构】选项，如图 4-37 所示。这样就将商品编码添加到类别编码层次结构中了，如图 4-38 所示。

03 勾选【类别编码 层次结构】前的复选框，并将其添加到【轴】储值桶中，此时可视化图表的上方会出现多个钻取按钮，如图 4-39 所示。

图 4-36

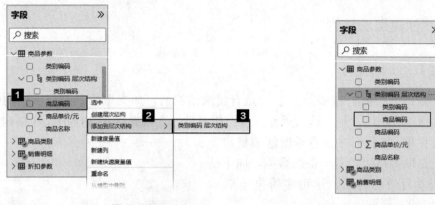

图 4-37　　　　　　　　　　　　　　　　　　图 4-38

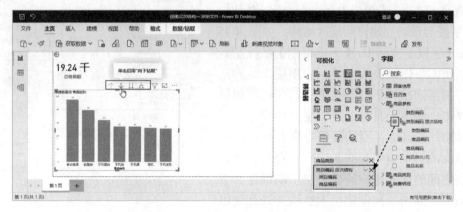

图 4-39

单击不同的按钮，可实现不同的钻取操作。各按钮的功能如下。

↑ 向上钻取　　　　　↓↓ 转至层次结构中的下一级别

↓ 向下钻取　　　　　⋏ 展开层次结构中的所有下一级别

章节实训

实训 1　创建日历表和计算列

【实训目标】

本章介绍了创建数据表中的元素的内容，为帮助大家巩固知识，提高实操能力，本实训的主要内容为创建日历表和计算列。

【实训操作】

01　启动 Power BI Desktop，打开本实训的原始文件"实训素材\第 4 章　实训\创建日期表和计算列——原始文件"，创建新表，制作 2023 年的日历表，并将该列重命名为"日期"。

02 在"日历表"中创建新列，显示各日期对应的"年月"，效果如图 4-40 所示。

图 4-40

实训2 统计各商品的总销量

【实训目标】

本章介绍了各类 DAX 函数及新建计算表的内容，为提高学生的应用能力，本实训以统计各产品各月份的总销量为例，带领学生进行实操，进一步掌握 DAX 函数及新建计算表的具体操作。

【实训操作】

01 启动 Power BI Desktop，打开本实训的原始文件"实训素材\第 4 章实训\统计各产品各月份的总销量——原始文件"，单击【新建表】按钮，新建一个计算表。

02 在公式栏中输入公式，统计各商品的销量，公式及最终效果如图 4-41 所示。

图 4-41

本实训需要用到 SUMMARIZE 函数，其表达式的含义及在本实训中对应的参数如下。

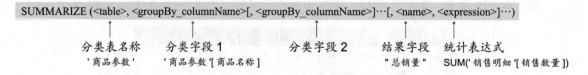

思考与练习

一、不定项选择题

1. DAX 公式中列名的表示方式是（   ）。

A. 英文双引号　　　　B. 英文中括号　　　　C. 英文单引号　　　　D. 英文括号

2. 以下关于 DAX 公式的特点描述正确的有（   ）。

A. DAX 公式不能修改表中原有的数据，只能添加新数据

B. 通过 DAX 公式可以创建计算列、计算行、度量值和表

C. 不限制函数的嵌套调用

D. 列、度量值和表的名称不区分大小写

3. DAX 语言支持以下哪些运算符？（   ）

A. 算术运算符　　　　B. 比较运算符　　　　C. 文本串联运算符　　　D. 逻辑运算符

二、判断题

1. 事实数据表一般是用来存放事实数据的描述信息的，包含事实数据的特性，可以为分析者提供有用的信息。（   ）

2. 如果 DAX 函数有两个或两个以上参数，建议每个参数都另起一行，这样嵌套关系就很容易区分，不会混乱。（   ）

3. 计算列数量的增加不会影响静态模型的大小，因此也不占用内存空间。（   ）

三、简答题

1. 简述 DAX 语言的特点。

2. 简述数据建模的意义。

3. 简述计算列与度量值的区别。

四、实操题

1. 启动 Power BI Desktop，打开文件"习题素材与答案\第 4 章　习题素材与答案\统计顾客的平均年龄——原始文件"，新建度量值，使用 AVERAGE 函数统计"顾客信息"表中顾客的平均年龄。

2. 启动 Power BI Desktop，打开文件"习题素材与答案\第 4 章　习题素材与答案\统计各商品的总销售额——原始文件"，在"销售明细"表中新建列，计算出各订单的销售金额，然后新建"各商品销售额"表，统计各商品的总销售额数据。

第5章 商业数据可视化

前面介绍的商业数据预处理和商业数据分析模型等内容可能比较枯燥，从本章开始我们将涉足 Power BI 中最吸人眼球的环节：数据可视化。

在 Power BI 中，数据分析的结果主要是以各种可视化对象（也称视觉对象）来展现的。人脑进行数据处理的能力毕竟有限，采用可视化的方式会让数据更易于理解。Power BI 中有 20 多个内置可视化图表和上百个自定义可视化图形库，用户可以轻松地使用可视化分析来有效传递信息并进行业务分析等工作。本章将从可视化图表设计的要点开始，对各类数据分析图表的制作方法进行具体介绍。

学习目标

1. 掌握可视化图表设计的要点
2. 学会制作对比分析图表
3. 学会制作结构分析图表
4. 学会制作相关分析图表
5. 学会制作描述性分析图表
6. 学会制作 KPI 分析图表

5.1 可视化图表设计的要点

【内容概述】

在学习如何制作可视化图表之前，我们需要先学习一下可视化图表设计的要点，即选择合适的图表、图表制作的准则（保持客观性）、图表细节处理，以及图表色彩搭配等。学习这些要点后，我们在制作可视化图表的过程中就会更加高效。

【重点知识】

一、选择合适的图表
二、保持客观性
三、图表细节处理
四、图表色彩搭配

5.1.1 选择合适的图表

图表是数据可视化非常重要的工具，它可以直观地呈现研究对象之间的关系，也可以直观地呈现用户想要传递的信息。在制作可视化图表时，用户要明确通过图表想要传递什么信息，确定哪种图表最能传递这些信息，然后选择适合的图表。

Power BI 提供了多种类型的图表供用户选择和使用，其默认安装的可视化图表如图 5-1 所示，包括堆积条形图、堆积柱形图、簇状条形图、簇状柱形图、百分比堆积条形图、百分比堆积柱形图、折线图、分区图、堆积面积图、折线和堆积面积图、折线和簇状柱形图、丝带图、瀑布图、漏斗图、散点图、饼图、环形图、树状图、地图、着色地图、仪表图、卡片图、多行卡、KPI 图、切片器、表、矩阵等。

根据数据分析的类别，可以将图表分为五大类：对比分析图表、结构分析图表、相关分析图表、描述性分析图表和 KPI 分析图表。不同类型的图表展示的数据的侧重点不同，选择合适的图表可以更好地完成数据可视化。

图 5-1

1．对比分析图表

对比分析图表是数据分析中比较常见和实用的一类图表，它将两个或多个数据进行对比，分析其中的差异，从而揭示其中的变化情况以及变化规律。对比分析图表也是运营效果评估时经常用到的分析图表。

做对比分析图表时要注意：不能把不相关的数据放在一起对比，有些数据可以对比，有些数据对比则是无意义的。例如，一般不能将商品的销量和定价进行对比，因为它们一般没有可比性。因此，在做对比分析图表前，要确保数据有可比性。一般同类型的数据具有可比性，且数据的相似点越多越具有可比性。对比的时候一定要注意，先核查对比的对象、对比的指标有没有问题，再进行比较。

对比分析图表中常用的图表类型有柱形图、条形图、雷达图和漏斗图等，每种图表的特点及具体的制作方法，请参见 5.2 节的内容。

2．结构分析图表

结构分析图表，又称比重分析图表，是依据各部分占总体的比重，对各部分进行对比的分析图表。一般某部分的比重越大，其对总体的影响也就越大。例如，在某商品的销售渠道分析中，数据显示超市所占的比重最大，但是这并不能说明超市这个渠道是最重要的；如果这个商品的主要购买群体在线上，那么网店才是最重要的渠道，网店占比应最大，这样的数据才正常，此时我们就要进一步分析为何超市比网店销售得多了。

结构分析图表中常用的图表类型有饼图、环形图、树状图和瀑布图等，每种图表的特点及具体的制作方法，请参见 5.3 节的内容。

3．相关分析图表

相关分析图表是研究对象之间是否存在依存关系的图表。它利用直角坐标系的第一象限，将自变量置于横坐标轴，因变量置于纵坐标轴，然后将两个变量对应的变量值用坐标点的形式描绘出来，从而直观地展示相关点的分布状况。

相关分析图表中常用的图表类型有散点图、折线图等，每种图表的特点及具体的制作方法，请参见 5.4 节的内容。

4．描述性分析图表

描述性分析图表是用来展示所收集数据的各种数量特征的图表，如描述对象的频数、平均值、中位数、众数、最大值、最小值、方差、标准差等。

描述性分析图表中常用的图表类型有表、箱线图等，其各自的特点及具体的制作方法，请参见 5.5 节的内容。

5．KPI 分析图表

关键绩效指标（Key Performance Indicator，KPI）分析图表也称达成分析图表，是用于反映业务目标完成情况的一类图表，可以生动形象地展现业务目标完成的情况、完成的进度等。

KPI 分析图表中常用的图表类型有仪表图、卡片图、KPI 图、子弹图等，其各自的特点及具体的制作方法，请参见 5.6 节的内容。

5.1.2　保持客观性

在对数据进行可视化分析时，很重要的一条准则就是保持客观性，即真实地展现数据，避免扭曲数据。

很多人在设计图表时，对坐标轴的刻度都是采用默认值。在没有负数的情况下，坐标轴的刻度起点一般都是从 0 开始的。其实，坐标轴的刻度是可以设置的。用户除了可以设置坐标轴的刻度步长外，还可以设置坐标轴的刻度起点。

下面先看一组折线图，左右两个图是使用完全相同的一组数据创建的。两个图的效果差别大吗？很明显，对于同样的数据，图 5-2 所示的数据走势较平稳，而图 5-3 所示的数据则呈明显的增长趋势。

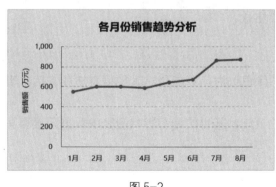

图 5-2

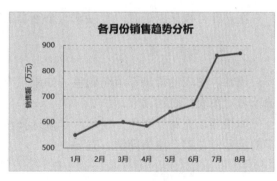

图 5-3

为什么相同数据的展示效果完全不同呢？相信大家已经知道答案了：两个图纵坐标轴的刻度起点设置得不一样，刻度的步长也不一样。图 5-3 在更改坐标轴的刻度起点和刻度步长后，数据的增长趋势被"放大"，看起来更具有"说服力"。但是这样的图表明显添加了个人主义色彩，并且会对观众造成误导。

三维效果的图表可能看起来更美观，但是从客观性的角度来看，它的可读性非常低。图 5-4 所示的图表类型是三维簇状柱形图，读者在读图时还要考虑柱子的哪个位置与刻度值相交，很难准确读数。用户如果要对图表进行美化，一定要慎用图案填充或三维效果，尤其是柱形图。由于柱形图是通过柱子的高低来体现数据大小的，因此最好的方式是保持其原本的形态，如图 5-5 所示。

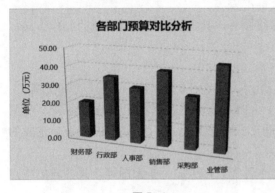

图 5-4

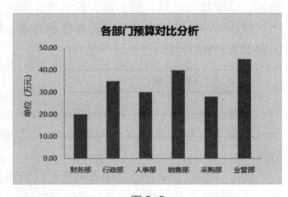

图 5-5

过多美化只会给读者造成干扰，所以保持客观性是制作可视化图表的一条很重要的准则。

拓展 阅读	客观全面
	数据具备天然的客观性，无论我们是否触碰它，它都已经发生并且存在那里。在面对海量数据时，我们更像个"求知者"，在数据中努力地寻找答案。 　　学生时时处在数据的海洋中。商品的价格、生活开销、各阶段的记录数据等，都可以用于培养学生的数据分析观念与能力。养成全面、客观、务实的数据分析习惯，会使学生终身受益。

5.1.3　图表细节处理

在设计可视化图表时，有以下几个细节需要注意。

1. 图表背景设置

通常，图表的背景不填充颜色，如果填充的颜色过深，可能会对其他信息造成干扰，影响读者对图表信息的读取。

如果要填充背景颜色，用户应尽量选择浅色填充，其目的是不影响图表中数据元素和文字的显示，使整个图表简洁、直观。

2. 字体格式设置

图表上的文字信息也很重要，它能够帮助读者理解图表。字体格式的设置尽量以简洁、直观为主，字号避免过大或过小。在给图表配色时用户要充分考虑文字的颜色，建议在浅色的背景上使用深色的文字，通常使用黑色文字，这样文字看起来更清楚、更容易辨认。当文字与深色的数据系列重叠时，为了使文字更易辨认，就要调整文字为浅色，用户可根据具体情况具体处理。

3．图表元素添加

图表中有很多的图表元素，每种图表元素都有自己的作用，在设计图表时，用户可以根据数据表达信息的需要，添加必要的图表元素。

例如，图例通过颜色或符号等要素来标识图表中的每个数据系列，从而帮助读者快速了解图表。当图表中的数据系列超过一个时，用户就需要添加图例来区分不同的数据系列，以免混淆。

图表中的数据标签在每个数据点的附近显示，其作用是标注数据点的"系列名称""类别名称""值""百分比"等。数据标签显示的内容可以根据具体需求来设置。当需要显示数据点的具体内容时，用户就有必要为图表添加数据标签。

注意，是否有必要添加图表元素，需要根据实际需求来判断。图表元素并不是越多越好，过多的图表元素可能使图表看起来很杂乱，甚至影响读者读取图表中的重要信息。

4．标题和图例的位置

通常，图表标题位于整个图表区的最上方，它用于描述整个图表的主题，能够快速让读者看到图表所要传达的信息。图例通常位于标题下方，绘图区的上方，用于标识图表中的数据系列。当然，在设计图表的过程中，用户可以根据个人需求自行安排二者的位置。

图表中文本的对齐方式及位置也可能会影响图表的整洁和美观。因此在设计图表时，图表标题和图例的位置要保持统一。

5.1.4　图表色彩搭配

当我们在设计图表时，除了掌握基本的编辑方法之外，还要注意图表色彩的搭配。优秀的配色会提升图表的可读性，不恰当的配色会让你的图表"惨不忍睹"。要想让你的图表更受青睐，配色就得专业。

下面，我们一起来学习配色。

1．相似色

当需要取色时，通常从色相环上取色。在色相环上，两种颜色离得越近，颜色越相似，如图 5-6 所示。相似色在图表中经常用来体现同种类型的数据。如果你对图表配色不太熟悉，选择相似色是比较稳妥的做法（相似色在色环上是按位置来定义，在色相环上，两种颜色相距越远，对比越强）。

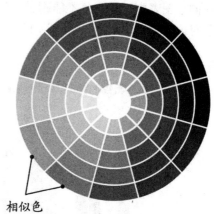

相似色

图 5-6

当数据系列多于一个时，用户可以通过相似色来体现不同的数据系列。如图 5-7 所示，代表不同业务部的数据系列用相似色来体现，使整个图表看起来很协调。当数据系列中有需要强调的重点时，用户也可以使用相似色。图 5-8 通过使用相似色来强调销售额最高的季度。

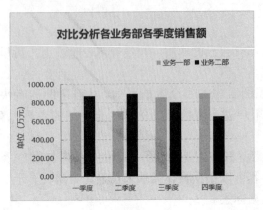

图 5-7

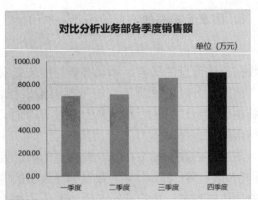

图 5-8

2．对比色

在色相环上，两种颜色离得越远，对比越强烈，如图 5-9 所示。对比色是可以明确区分的色彩，它既能构成明显的色彩效果，又有很强的视觉冲击力，因此对比色适合用来对比或强调数据（对比色在色相环上是按位置来定义的，在色相环上，两种颜色相距越远，对比越强）。

如果要对比分析两个不同类别的数据，可以用对比色。图 5-10 通过使用对比色来对比不同业务部的各季度销售额。

制作图表时使用的颜色建议不要太多，否则会显得太"花哨"，颜色太多也会让图表的重点不突出。在同一图表中，对比色不能超过两组，否则就失去了对比的意义。如图 5-11 所示的图表使用过多颜色，图表的重点不突出。

对比色

图 5-9

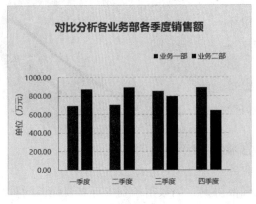

图 5-10

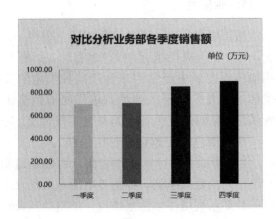

图 5-11

5.2 对比分析图表

【内容概述】

Power BI 提供了多种可进行对比分析的可视化图表，其中典型的图表是柱形图、条形图、雷达图和漏斗图。本节将从认识对比分析开始，通过具体案例详细介绍各种对比分析图表的制作方法。

【重点知识】

一、对比分析的概念	四、创建雷达图的方法
二、创建柱形图的方法	五、创建漏斗图的方法
三、创建条形图的方法	

5.2.1 什么是对比分析

对比分析也称比较分析，是数据分析中常用的分析方法。它是指把客观事物加以比较，以达到认识事物本质和规律并做出正确评价的目的。对比分析通常把两个或两个以上相互联系的数据指标进行比较，从数量上展示和说明研究对象规模的大小、水平的高低、速度的快慢，以及各种关系是否协调等，分析其中的差异，以揭示事物的发展规律。

对比分析是数据分析中最常用的，也是最实用的分析方法之一。通常，没有对比就不能说明问题，这也是对比分析在数据分析领域经久不衰的原因之一。在对比分析中，各项数据指标本身没有好坏之分，企业需要做的是通过对比分析，选择可参照的数值，然后分析数值之间的联系与区别，思考其展示的结果，从而有效地发现数据中蕴含的有价值的信息。下面从分类和分析维度两个方面来讲解对比分析法。

1. 分类

对比分析可以分为静态对比和动态对比两类，具体介绍如下。

（1）静态对比是在同一时间条件下对不同总体指标的对比，如不同部门、不同地区、不同国家的对比，也称横向对比，简称横比。

（2）动态对比是在同一总体（同一部门、同一地区或同一国家等）条件下，对不同时期总体数值的对比，也称纵向对比，简称纵比。

这两种方法既可以单独使用，也可以结合在一起使用。在进行对比分析时，用户可以单独使用总体指标、相对指标或平均指标，也可以将它们结合起来使用。对比的结果可以用相对数表示，如百分数、倍数等。

2. 分析维度

对比分析中常用的维度有与目标对比、不同时期对比、活动效果对比、集团内部对比和行业内对比等。

（1）**与目标对比**。把实际完成值与目标值进行对比，属于横比。例如，企业在每个时期都会制订自己的业绩计划或目标。所以可以将目前的业绩与制订的业绩目标进行对比，看是否完成了目标。

（2）**不同时期对比**。将不同时期的指标数值进行对比，属于纵比。与上一时期（如本月与上月）完成情况进行对比，简称环比；与去年同期进行对比，如今年8月与去年8月进行对比，简称同比。

（3）**活动效果对比**。针对某项营销活动开展前后的数据进行对比，属于纵比。例如，对比活动后品牌的曝光率是否提升、销售额是否增长、流量是否增加等。当然，还可以对活动的开展情况进行分组对比，这属于横比。例如，对同一活动中两个小组的业绩进行对比分析，企业可以了解活动是否有效。不过，在选择对照组的时候需要考虑如何确保分析结果的准确性。

（4）**集团内部对比**。与企业集团内的同级部门、单位进行对比，属于横比。通过对比，企业可以了解自身某一方面或各方面的发展水平在企业集团内部处于什么样的位置，明确哪些指标是领先的，哪些指标是落后的，从而找出下一步发展的方向和目标。

（5）**行业内对比**。一般来说，企业都会与行业内的标杆企业、竞争对手或行业的平均水平进行对比，这属于横比。通过行业内对比，企业可以了解自身在某一方面或各方面的发展水平在行业内处于什么样的位置，从而为进一步发展确定方向和目标。

小贴士

使用对比分析时，大家要注意对比指标之间的可比性，这是用好对比分析的必要条件，否则不能正确地说明问题，甚至得出错误的结论。所谓对比指标之间的可比性，是指对比的指标必须在指标内容、口径范围、计算方法、计量单位、时间长度等方面保持高度一致。如果是企业之间进行同类指标比较，还要注意企业之间的可比性。

5.2.2　创建柱形图

【理论基础】

柱形图通过柱子的高度来反映数据的大小，由于人们对高度差异的辨识度很高，因此通过柱形图来对比数据的大小差异是不错的选择。Power BI 自带的柱形图有簇状柱形图、堆积柱形图、百分比堆积柱形图3种类型。

下面介绍一下创建柱形图的具体操作。

【实战案例】

案例素材	原始文件：素材\第5章\创建柱形图——原始文件	
	最终效果：素材\第5章\创建柱形图——最终效果	微课视频

01　创建簇状柱形图。启动 Power BI Desktop，打开本案例的原始文件"创建柱形图——原始文件"，单击【报表】按钮，进入报表视图，在【可视化】窗格中单击【簇状柱形图】按钮，

此时报表画布中会出现簇状柱形图的模型，然后在【字段】窗格中的"商品类别"表中勾选【商品类别】字段，在"销售明细"表中勾选【销售数量】字段，即可创建簇状柱形图，如图5-12所示。

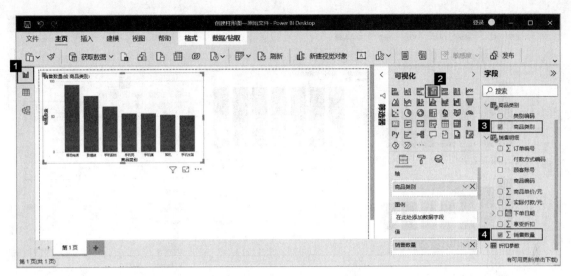

图 5-12

02　创建堆积柱形图。单击报表画布中的空白区域，在【可视化】窗格中单击【堆积柱形图】按钮，此时报表画布中会出现堆积柱形图的模型，然后在【字段】窗格中的"商品类别"表中勾选【商品类别】字段，在"顾客信息"表中勾选【顾客性别】字段，在"销售明细"表中勾选【销售数量】字段，即可创建堆积柱形图，如图5-13所示。

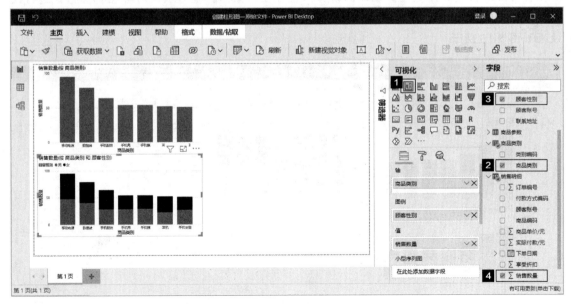

图 5-13

03　创建百分比堆积柱形图。单击报表画布中的空白区域，在【可视化】窗格中单击【百分比堆积柱形图】按钮，此时报表画布中会出现百分比堆积柱形图的模型，然后在【字段】窗格中的"商品类别"表中勾选【商品类别】字段，在"顾客信息"表中勾选【顾客性别】字段，在"销售明细"表中勾选【销售数量】字段，即可创建百分比堆积柱形图，如图 5-14 所示。

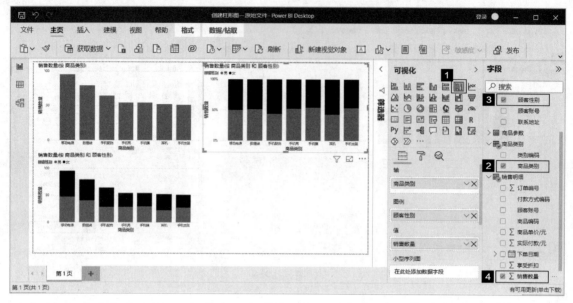

图 5-14

04 为柱形图添加数据标签。单击报表画布中的簇状柱形图，在【可视化】窗格中单击【格式】按钮，然后单击【数据标签】右侧的滑块，将其状态设置为【开】，即可为图表添加数据标签。单击【数据标签】左侧的箭头，展开显示数据标签选项，对数据标签格式进行设置，这里不做具体介绍。按照同样的方法为堆积柱形图和百分比堆积柱形图添加数据标签，效果如图 5-15 所示。

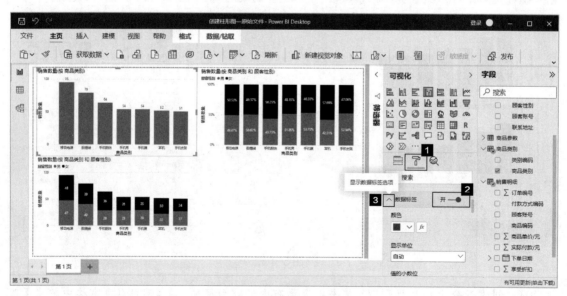

图 5-15

5.2.3 创建条形图

【理论基础】

条形图利用条状的长度来反映数据的大小，由于条形图适用于多个项目的分类排名比较，并且人们对长度差异的辨识度很好，因此在对比分析中经常使用。Power BI 自带的条形图有簇状条形图、堆积条形图、百分比堆积条形图 3 种类型。其制作方法与柱形图类似，这里仅以堆积条形图和簇状条形图为例，介绍一下条形图的制作要点。

【实战案例】

案例 素材	原始文件：素材\第 5 章\创建条形图——原始文件	
	最终效果：素材\第 5 章\创建条形图——最终效果	微课视频

01 创建堆积条形图。启动 Power BI Desktop，打开本案例的原始文件"创建条形图——原始文件"，单击【报表】按钮，进入报表视图，在【可视化】窗格中单击【堆积条形图】按钮，此时报表画布中会出现堆积条形图的模型，然后在【字段】窗格中，将【付款方式】字段拖至【轴】储值桶中，将【顾客性别】字段拖至【图例】储值桶中，将【实际付款/元】字段拖至【值】储值桶中，如图 5-16 所示，即可创建堆积条形图。

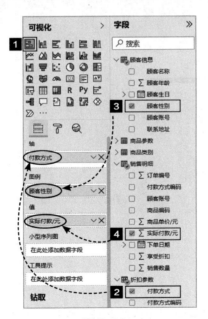

图 5-16

02 设置条形图格式。选中创建的条形图，单击【可视化】窗格中的【格式】按钮，在【数据标签】组中将标签打开，【位置】设置为【端内】，如图 5-17 所示。然后在【标题】组中将【粗体】设置为【开】，如图 5-18 所示。设置好的堆积条形图效果如图 5-19 所示。

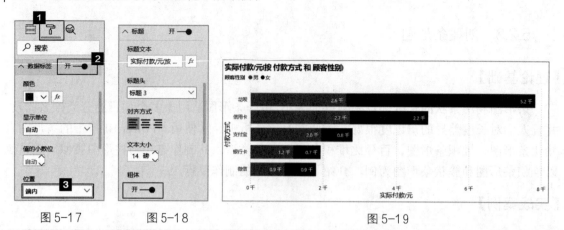

图 5-17   图 5-18   图 5-19

03 创建簇状条形图。用户在已创建好的图表的基础上，可以直接切换图表类型。选中已创建好的堆积条形图，按【Ctrl】+【C】组合键复制，然后单击报表画布的空白区域，按【Ctrl】+【V】组合键粘贴。选中复制的图表，将其移至报表画布的合适位置，单击【可视化】窗格中的【簇状条形图】按钮，即可将图表类型切换为簇状条形图，如图 5-20 所示。

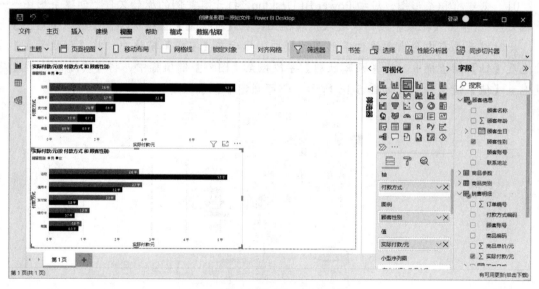

图 5-20

5.2.4　创建雷达图

【理论基础】

雷达图在对比分析中十分常用。从外观来看，它在从中心点向外散发的轴上通过各维度的数据围成多边形，来综合展示每个变量的数据大小，雷达图也被称为蜘蛛图或网络图。我们通过雷达图可以清晰地看出比较对象的特点、在某一个方面的突出优势和劣势。

Power BI 自带的图表中没有雷达图，用户需要自行下载并导入。下面介绍一下自定义图表的下载方法及雷达图的制作方法。

【实战案例】

案例素材	原始文件：素材\第 5 章\创建雷达图——原始文件	
	最终效果：素材\第 5 章\创建雷达图——最终效果	微课视频

01 下载并导入雷达图。启动 Power BI Desktop，打开本案例的原始文件"创建雷达图——原始文件"，在【可视化】窗格中单击【获取更多视觉对象】按钮，从下拉列表中选择【获取更多视觉对象】选项，如图 5-21 所示。此时如果没有登录 Power BI 账户，需要先登录，如图 5-22 所示。

图 5-21 图 5-22

02 弹出【Power BI 视觉对象】对话框，找到【Radar Chart】并单击，如图 5-23 所示。

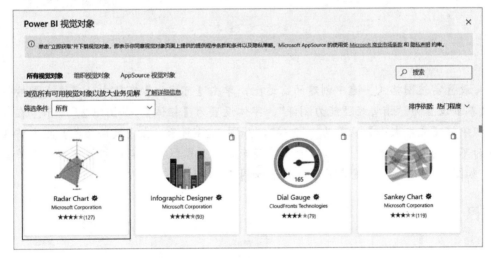

图 5-23

03 弹出【应用】界面，单击【添加】按钮，如图 5-24 所示。稍等一会儿，提示"已成功导入"，单击【确定】按钮即可，如图 5-25 所示。

04 创建雷达图。在【可视化】窗格中单击导入的雷达图按钮，此时报表画布中会出现雷达图的模型，然后在【字段】窗格中选中字段【李亮】、【王越】、【销售经理】、【张恒】，如图 5-26 所示，即可创建雷达图。

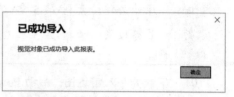

图 5-24　　　　　　　　　　　　　　　　　　图 5-25

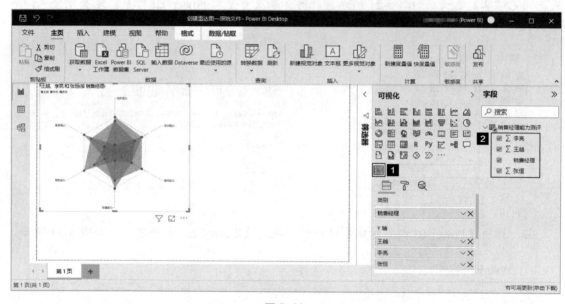

图 5-26

05　设置雷达图格式。选中创建的雷达图，单击【可视化】窗格中的【格式】按钮，将【标题文本】设置为"销售经理能力测评"、字体设置为【粗体】，如图 5-27 所示。在【数据标签】组中将【文本大小】设置为"12 磅"，如图 5-28 所示。在【数据颜色】组中将 3 个系列设置为不同的颜色（王越：淡粉，李亮：蓝色，张恒：绿色，彩色图像可参考本节素材及微课），如图 5-29 所示。设置完成后，效果如图 5-30 所示。

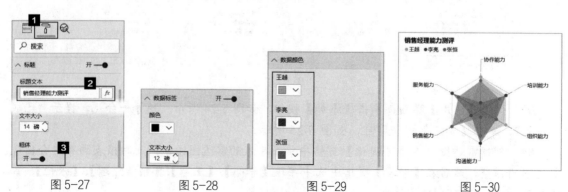

图 5-27　　　　　图 5-28　　　　　图 5-29　　　　　图 5-30

5.2.5　创建漏斗图

【理论基础】

漏斗图又称倒三角图，是由堆积条形图演变而来的。漏斗图常用于表示逐层分析的过程，是对业务流程最直观的一种表现形式，适用于业务流程环节多、周期长的流程分析，如销售订单转化率分析、网站客户转化率分析等。

下面以创建网站的销售订单转化率漏斗图为例，介绍一下创建漏斗图的具体方法。

【实战案例】

案例 素材	原始文件：素材\第 5 章\创建漏斗图——原始文件	
	最终效果：素材\第 5 章\创建漏斗图——最终效果	微课视频

01　创建漏斗图。启动 Power BI Desktop，打开本案例的原始文件"创建漏斗图——原始文件"，单击【报表】按钮，进入报表视图，在【可视化】窗格中单击【漏斗图】按钮，此时报表画布中会出现漏斗图的模型，然后在【字段】窗格中勾选【销售环节】和【客户数】字段，系统会自动将这两个字段分别添加到【组】和【值】储值桶中，如图 5-31 所示，如此即可创建漏斗图。

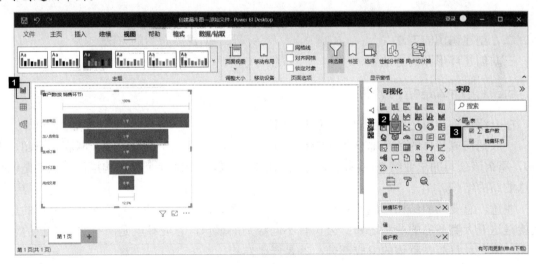

图 5-31

02　设置漏斗图格式。选中创建的漏斗图，单击【可视化】窗格中的【格式】按钮，将【标题】的字体设置为【粗体】，将【类别标签】的【文本大小】设置为"12 磅"，将【数据标签】的【文本大小】设置为"12 磅"。由于数值默认的单位是"千"，本案例中数值较小，保留整数后无法正常显示数值大小，因此需要将单位设置为"无"，在【数据标签】组中的【显示单位】下拉列表中选择【无】即可，如图 5-32 所示。设置完成后，漏斗图的最终效果如图 5-33 所示。

图 5-32

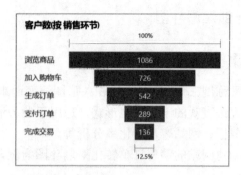

图 5-33

5.3 结构分析图表

【内容概述】

Power BI 提供了多种可进行结构分析的可视化图表，其中典型的就是饼图、环形图、树状图和瀑布图。本节将从认识结构分析开始，通过具体案例详细介绍各种结构分析图表的制作方法。

【重点知识】

一、结构分析的概念　　　　　　四、创建树状图的方法
二、创建饼图的方法　　　　　　五、创建瀑布图的方法
三、创建环形图的方法

5.3.1 什么是结构分析

在介绍结构分析之前，我们先来认识一下结构。

一般把构成整体的各个部分叫作结构。例如，一家公司有 3 条业务线（网店、商超、零售），那么该公司的总业绩是由网店业绩、商超业绩、零售业绩 3 个部分构成的。这就是该公司总业绩的结构。

注意，总业绩的结构可能不止一种分类方式。例如，该公司有五大类商品，公司的总业绩就是这五大类商品的业绩之和；公司有不同级别的客户，总业绩就是所有级别客户的业绩之和。总之，只要是整体的组成部分，就是一个结构。

那么，什么是结构分析呢？

结构分析是数据分析中常用的一种分析方法。结构分析反映的是某个体占总体的比重。结构分析又称比重分析，是在分组分析的基础上，计算各组成部分占总体的比重，进而分析总体数据的内部特征。结构分析的基本表现形式就是计算结构指标。

结构指标的计算公式：

结构指标（%）＝（总体中某一部分总量/总体总量）×100%

结构指标就是总体各个部分占总体的比重，因此总体中各个部分的结构相对比重数值之

和，即等于 100%。结构指标的分子、分母不能互换。

结构分析简单实用，应用广泛。通过结构分析，企业管理者可以了解总体中某一部分的重要程度，再结合对比分析，分析某一结构指标是上升了还是下降了，从而快速了解企业的运营状况。

> **小贴士**
>
> 运用结构指标要以统计分组为前提，只有将总体进行科学的统计分组，求出各组总量在总体总量中所占的比重，才能反映总体内各类型的构成情况。

5.3.2 创建饼图

【理论基础】

饼图通过各扇形的面积来展示数据的大小，用于强调各项数据的占比，强调个体和整体的关系。在实际应用中，当需要表达数据的占比时，就可以使用饼图来展示。下面介绍一下创建饼图的具体操作。

【实战案例】

案例素材	原始文件：素材\第 5 章\创建饼图——原始文件	
	最终效果：素材\第 5 章\创建饼图——最终效果	微课视频

01 启动 Power BI Desktop，打开本案例的原始文件"创建饼图——原始文件"，在【可视化】窗格中单击【饼图】按钮，此时报表画布中会出现饼图的模型，然后在【字段】窗格中勾选【商品类别】和【实际付款/元】字段，系统会自动将这两个字段分别添加到【图例】和【值】储值桶中，如图 5-34 所示，如此即可创建饼图。

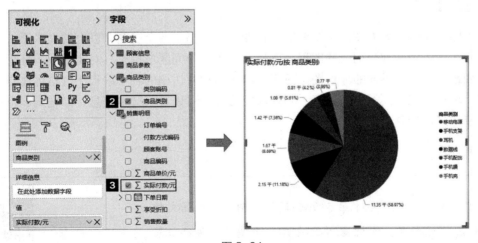

图 5-34

小贴士

在计算占比时，系统会对计算结果进行四舍五入，导致图表中各部分合计为 100.01%，而非 100%（下同）。

02 设置饼图格式。选中创建的饼图，单击【可视化】窗格中的【格式】按钮，在【标题】组中将【标题文本】设置为"各类商品销售额占比"，将【粗体】打开。然后将【图例】关闭。在【详细信息标签】组中，在【标签样式】的下拉列表框中选择【类别，总百分比】，将【文本大小】设置为"12磅"，其他选项保持默认状态，如图 5-35 所示。设置完成后，饼图的效果如图 5-36 所示。

图 5-35

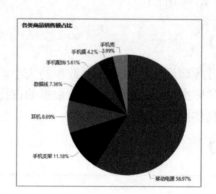
图 5-36

知识链接

饼图不适合展示数据分类过多、不能有负值、不能有0值或过小值的数据，同时也不适合分类占比差别不明显的场景。以上使用问题同样出现在环形图中。

5.3.3 创建环形图

【理论基础】

环形图，又称甜甜圈图，是饼图的一种变体，是指将两个及两个以上的大小不一的饼图叠在一起，挖去中间部分构成的图形，本质是饼图将中间区域挖空。对比饼图，环形图能够比较方便地对比各个不同的环形图，而不是将重点放在饼图的各个扇形所占整体比重上。比起饼图，环形图的空间利用率更高，其内部空心部分可以显示文本信息、标题等。下面介绍一下创建环形图的具体操作。

【实战案例】

案例素材	原始文件：素材\第5章\创建环形图——原始文件	
	最终效果：素材\第5章\创建环形图——最终效果	微课视频

01 启动 Power BI Desktop，打开本案例的原始文件"创建环形图——原始文件"，在【可视化】窗格中单击【环形图】按钮，此时报表画布中会出现环形图的模型，然后在【字段】窗格中勾选【商品类别】和【实际付款/元】字段，系统会自动将这两个字段分别添加到【图例】和【值】储值桶中，如图 5-37 所示，如此即可创建环形图。

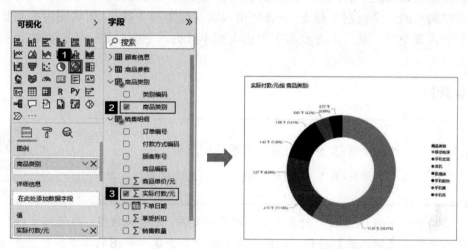

图 5-37

02 设置环形图格式。选中创建的环形图，单击【可视化】窗格中的【格式】按钮，在【标题】组中将【标题文本】设置为"各类商品销售额占比"，将【粗体】打开。然后将【图例】关闭。在【详细信息标签】组中的【标签样式】下拉列表框中选择【类别，总百分比】，【文本大小】设置为"12 磅"，其他选项保持默认状态，如图 5-38 所示。在【形状】组中，将【内半径】的大小设置为"75"，如图 5-39 所示。设置完成后，环形图的效果如图 5-40 所示。

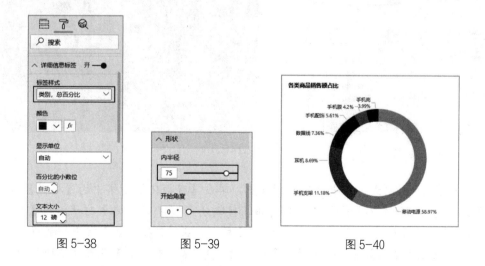

图 5-38　　　　　　图 5-39　　　　　　图 5-40

5.3.4 创建树状图

【理论基础】

树状图提供数据的分层视图，并将分层数据显示为一组嵌套的矩形。一个有色的矩形代表层次结构中的一个级别（分支），该矩形包含其他矩形（叶）。树状图根据测量值分配每个矩形的内部空间，从左上方到右下方由大到小排列。下面介绍一下创建树状图的具体操作。

【实战案例】

案例 素材	原始文件：素材\第 5 章\创建树状图——原始文件 最终效果：素材\第 5 章\创建树状图——最终效果	 微课视频

01 启动 Power BI Desktop，打开本案例的原始文件"创建树状图——原始文件"，在【可视化】窗格中单击【树状图】按钮，此时报表画布中会出现树状图的模型，然后在【字段】窗格中勾选【商品类别】、【商品名称】和【实际付款/元】字段，系统会自动将这 3 个字段分别添加到【组】、【详细信息】和【值】储值桶中，如图 5-41 所示，如此即可创建树状图。

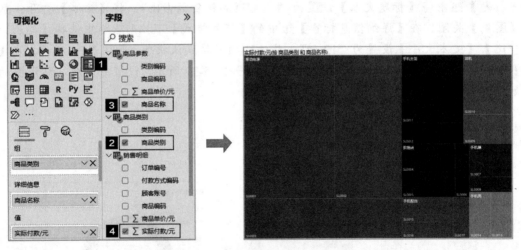

图 5-41

02 设置树状图格式。选中创建的树状图，单击【可视化】窗格中的【格式】按钮，在【标题】组中将【标题文本】设置为"各商品销售额分布"，将【粗体】打开。在【类别标签】组中将【文本大小】设置为"12 磅"，如图 5-42 所示。在【数据标签】组中将数据标签打开，【显示单位】设置为【无】，【值的小数位】设置为"0"，【文本大小】设置为"10"，如图 5-43 所示。设置完成后，树状图的效果如图 5-44 所示。

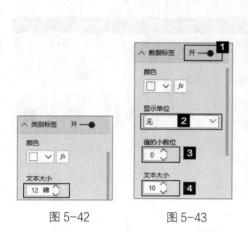

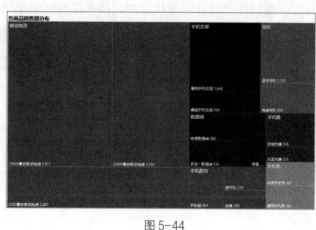

图 5-42　　　　　　图 5-43　　　　　　　　　　图 5-44

5.3.5　创建瀑布图

【理论基础】

　　瀑布图也被称为阶梯图，是由麦肯锡咨询公司所独创的图表类型，因为形似瀑布而被称为瀑布图。此种图表采用绝对值与相对值结合的方式，适用于表达数个特定数值之间的数量变化关系。当用户想表达两个数据点之间数量的演变过程时，即可使用瀑布图。

　　下面介绍一下创建瀑布图的具体操作。

【实战案例】

案例素材	原始文件：素材\第 5 章\创建瀑布图——原始文件	
	最终效果：素材\第 5 章\创建瀑布图——最终效果	微课视频

　　01　启动 Power BI Desktop，打开本案例的原始文件"创建瀑布图——原始文件"，在【可视化】窗格中单击【瀑布图】按钮，此时报表画布中会出现瀑布图的模型，然后在【字段】窗格中勾选【城市】和【年利润/万元】字段，系统会自动将这两个字段分别添加到【类别】和【值】储值桶中，如图 5-45 所示，如此即可创建瀑布图。

　　02　设置瀑布图格式。选中创建的瀑布图，单击【可视化】窗格中的【格式】按钮，在【标题】组中将【标题文本】设置为"各城市年利润分布"，将【粗体】打开。然后将【数据标签】的状态设置为【开】，【显示单位】设置为【无】，【文本大小】设置为"10 磅"，如图 5-46 所示。在【情绪颜色】组中，可分别设置【提高】、【降低】和【总计】系列的颜色（彩色图像可参考本节素材及微课），如图 5-47 所示。设置完成后，瀑布图的效果如图 5-48 所示。

　　瀑布图是根据数据的正负值来表示增加和减少的，并以此来调整柱子的上升和下降。通常上升用绿色表示，下降用红色表示，这便于用户快速区分正负值。每个项目的柱子的起始高度是截至前一项目的利润之和（并不是柱子高度之和），最终形成的"总计"柱子的高度即前面一系列柱子的升降变化之和。瀑布图直观地呈现了过程数据的变化细节。

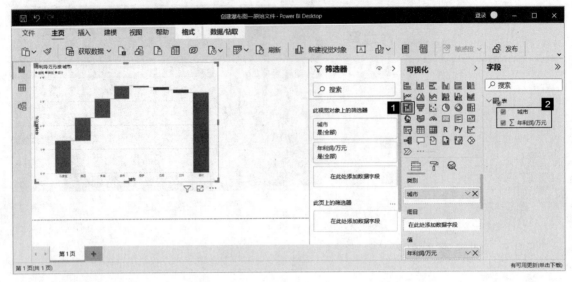

图 5-45

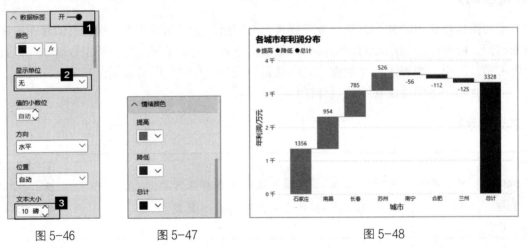

图 5-46   图 5-47   图 5-48

5.4 相关分析图表

【内容概述】

在 Power BI 中，通常用于相关分析的可视化图表是散点图和折线图。本节将从认识相关分析开始，通过具体案例详细介绍相关分析图表的制作方法。

【重点知识】

一、相关分析的概念
二、创建散点图的方法
三、创建折线图的方法

5.4.1　什么是相关分析

相关分析是研究两个或两个以上处于同等地位的随机变量间的相关关系的统计分析方法，包括是否有关系以及关系紧密程度等。例如，研究员工薪资与员工工龄的关系、商品销量与商品售后服务的关系等。

相关关系是一种非确定性的关系。例如，以 x 和 y 分别记一个人的身高和体重，或分别记员工薪资和员工工龄，则 x 与 y 显然有关系，而又没有确切到可由其中的一个去精确地决定另一个的程度，这就是相关关系。相关关系分析的方法主要是绘制相关图表或计算相关系数。

相关图是用来反映两个变量之间相关关系的图。它利用直角坐标系的第一象限，把自变量置于横坐标轴、因变量置于纵坐标轴，将两个变量相对应的值用坐标点的形式描绘出来，以表明相关点分布状况。相关图的基本形式有以下 6 种。

（1）强正相关，即 x 增大，y 显著地增大。

（2）弱正相关，即 x 增大，y 缓慢地增大。

（3）强负相关，即 x 增大，y 显著地减小。

（4）弱负相关，即 x 增大，y 缓慢地减小。

（5）非线性相关（又称曲线相关），即在某界限值之前，x 增大，y 随之增大或减小，在此界限之后，x 增大，y 又随之减小或增大。

（6）不相关，即 y 不随 x 的增减而变化。

相关图的观察与分析主要是查看点的分布情况，判断变量 x 与 y 之间有无相关关系，若存在相关关系，再进一步分析是何种相关关系。

相关系数是反映变量之间相关关系密切程度的统计指标。相关系数的取值范围为-1～1。

（1）如果相关系数为正数，则表示正相关；如果相关系数为负数，则表示负相关。

（2）相关系数取值为 1，表示完全正相关，而且呈同向变动的幅度是一样的。

（3）如果相关系数为-1，表示完全负相关，呈同样的幅度反向变动。

（4）相关系数取值为 0，这是极端情况，表示不相关。相关系数越趋近于 0，表示相关关系越弱。

5.4.2　创建散点图

【理论基础】

在直角坐标系中，用两组数据构成多个坐标点，则这些点构成的分布图就是散点图。我们根据这些点的分布及大致趋势，可以判断两个变量之间是否存在某种关系。散点图可以让一大堆散乱的数据变得简单、直观。在制作散点图时，数据量越大，从散点图的分布中越能看出规律。

下面介绍一下创建散点图的具体操作。

【实战案例】

案例 素材	原始文件：素材\第 5 章\创建散点图——原始文件 最终效果：素材\第 5 章\创建散点图——最终效果	 微课视频

01　启动 Power BI Desktop，打开本案例的原始文件"创建散点图——原始文件"，在【可视化】窗格中单击【散点图】按钮，此时报表画布中会出现散点图的模型，然后在【字段】窗格中勾选【销售人员】、【已购买客户数】和【销售额/元】字段，系统会自动将这 3 个字段分别添加到【详细信息】、【X 轴】和【Y 轴】储值桶中，如图 5-49 所示，如此即可创建散点图。

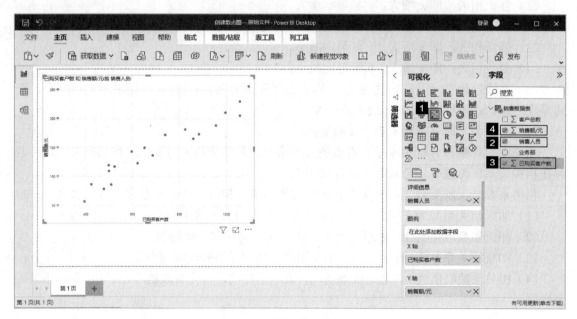

图 5-49

02　设置散点图格式。选中创建的散点图，单击【可视化】窗格中的【格式】按钮，在【标题】组中将【粗体】打开，将【X 轴】和【Y 轴】的【文本大小】都设置为"12 磅"。然后将【类别标签】打开，【文本大小】设置为"10 磅"，如图 5-50 所示。在【数据颜色】组中可以设置数据点的颜色，这里保持默认设置，在【形状】组中可以设置大小和标记形状，这里将【大小】设置为"5"，其他保持默认设置，如图 5-51 所示。设置完成后，散点图的效果如图 5-52 所示。

由图 5-52 可知，销售额随已购买客户数的增加而增加。在散点图中，将鼠标指针悬停在一个数据点上，会显示该数据点对应的销售人员、已购买客户数及销售额/元的详细信息。

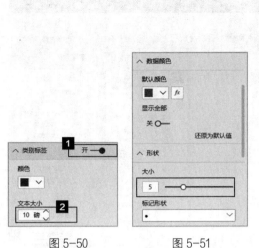

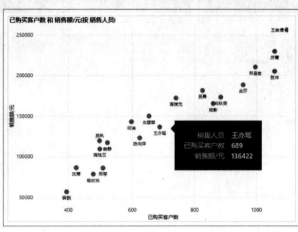

图 5-50　　　　　　　图 5-51　　　　　　　　　　图 5-52

5.4.3　创建折线图

【理论基础】

　　折线图与柱形图一样，是比较常见的图，用起来也十分简单。折线图可以显示随时间（根据常用比例设置）而变化的连续数据，因此非常适用于显示在相等时间间隔下数据的趋势，尤其在趋势比单个数据点更重要的情况下。在折线图中，类别数据沿水平轴均匀分布，所有值数据沿垂直轴均匀分布。下面介绍一下创建折线图的具体操作。

【实战案例】

案例 素材	原始文件：素材\第 5 章\创建折线图——原始文件	
	最终效果：素材\第 5 章\创建折线图——最终效果	微课视频

　　01　启动 Power BI Desktop，打开本案例的原始文件"创建折线图——原始文件"，在【可视化】窗格中单击【折线图】按钮，此时报表画布中会出现折线图的模型，然后在【字段】窗格中勾选【月份】和【销售数量】字段，系统会自动将这两个字段分别添加到【轴】和【值】储值桶中，如图 5-53 所示，如此即可创建折线图。

　　02　设置折线图格式。选中创建的折线图，单击【可视化】窗格中的【格式】按钮，在【标题】组中将【粗体】打开，将【X 轴】和【Y 轴】的【文本大小】都设置为"12磅"。然后将【数据标签】打开，【文本大小】设置为"12 磅"，【显示背景】设置为【开】，如图 5-54 所示。在【形状】组中，将【显示标记】打开，可以对【标记形状】和【标记大小】进行设置，这里保持默认设置，如图 5-55 所示。设置完成后，折线图的效果如图 5-56 所示。

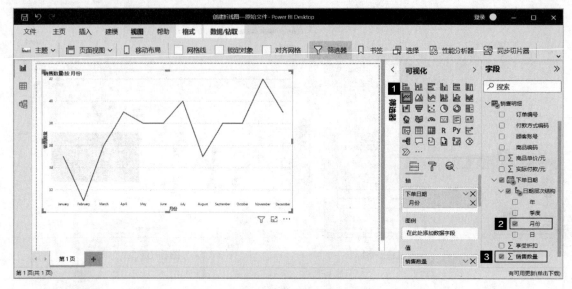

图 5-53

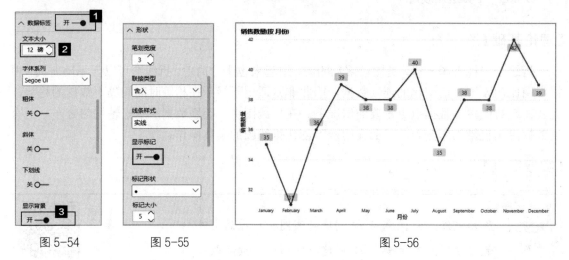

图 5-54　　　　　　图 5-55　　　　　　　　　图 5-56

5.5　描述性分析图表

【内容概述】

　　描述性分析是对收集到的数据进行分析，得出反映客观现象的各种数量特征的过程。Power BI 提供了多种用于描述性分析的可视化图表，用户可根据数据描述性分析的需要，选用合适的可视化对象。本节将从认识描述性分析开始，通过具体案例介绍创建表和箱线图的方法。

【重点知识】

　　一、描述性分析的概念
　　二、创建表的方法
　　三、创建箱线图的方法

5.5.1　什么是描述性分析

描述性分析是指将大量的原始数据资料进行初步的整理和归纳，通过描述原始数据的内在规律，对数据特征进行计量、观察、概括和表达的过程。

描述性分析运用分类、制表、图形及统计指标来描述数据特征，主要有两种方法：频数分析和描述性分析。根据数据类型的不同，大家可以选择不同的方法，如果数据是定类数据，如性别（男、女），就可以选择频数分析；如果数据是定量数据，这时候就可以使用描述性分析来探索数据。例如，需要研究消费者对某商品的购买意愿情况，可用描述性分析对样本的年龄、收入、消费水平等各指标进行初步分析，以了解、掌握消费者的总体特征情况。下面具体介绍一下描述性指标。

描述性指标大致可分为 3 类：集中趋势指标、离散程度指标和分布形态指标。

1．集中趋势指标

集中趋势指标用来反映数据的一般水平，常用的指标有众数、平均数和中位数。

（1）众数是指出现次数最多的变量值。例如，有一组数据：60、70、70、80、90、100，其中除了 70 出现两次，其他值都只出现一次，那么 70 就是出现次数最多的，也就是众数。

不过有的数据中会出现没有众数（每个数据出现的次数一样多）或者存在多个众数（出现次数最多的数据不止一个）的情况。这就是众数的特点——不唯一性。

（2）平均数又称均值，是常用的一个数据代表值。平均数既可以描述一组数据本身的整体平均情况，也可以用来作为不同组数据比较的一个标准。

根据样本数据的不同格式，这里介绍两种常见的平均数的计算方法，一种是算术平均数，另一种是加权平均数。算术平均数是指在一组数据中用所有数据之和除以数据的个数。把 n 个数的总和除以 n，所得的商即这 n 个数的平均数。加权平均数是指将各数值乘以相应的权数，然后加总求和得到总体值，再除以总的单位数。因为加权平均数是根据权数的不同进行的平均数的计算，所以又叫加权平均值。

由于平均数的计算与样本的每一个数值都有关，所以比较有代表性，但其具有代表性的前提是数据没有极端值。如果出现极端值，平均数就有可能不足以代表大多数样本个案的性质。

（3）中位数是样本数据升序排列后的最中间的数值，如果数据之间偏离较大，一般用中位数描述整体水平情况。中位数的计算分两种情况：当数据个数为奇数时，中位数即最中间的数；当数据个数为偶数时，中位数为中间两个数的平均数。

从中位数的计算方法可以看出，它和每个数据的位置有关系，所以如果有极端值出现，无论是特别大的极端值还是特别小的极端值，都会因为对所有样本数据排序的这个动作，而被排列到某个数列的两端去，它不会有机会被排列到中间位置，而中位数是最中间位置的数，所以极端值不会影响中位数。这样，当有极端值出现，我们无法用平均数很好地描述数据情况时，就可以使用中位数。

2．离散程度指标

离散程度指标反映的是数据之间的差异程度。常用的指标有方差和标准差。

（1）方差是每个数据值与全体数据的平均数差的平方的平均。方差的计算公式：

$$\sigma^2 = \frac{\Sigma(X-\mu)^2}{N}$$

σ^2 为总体方差，X 为变量，μ 为总体均值，N 为总体例数。方差小，表示数据集比较集中，波动性小；方差大，表示数据集比较分散，波动性大。

（2）标准差是对方差开方。标准差的计算公式：

$$\sigma = \sqrt{\sigma^2} = \sqrt{\frac{\Sigma(X-\mu)^2}{N}}$$

方差与标准差均反映一组数据的平均离散水平。

3．分布形态指标

在统计分析中，通常要假设样本所属总体的分布属于正态分布，因此需要用峰度和偏度两个指标来检查样本数据是否符合正态分布。

（1）峰度：描述正态分布中曲线峰顶尖哨程度的指标。峰度系数>0，则两侧极端数据较少，比正太分布更高更瘦，呈尖哨峰分布；峰度系数<0，则两侧极端数据较多，比正态分布更矮更胖，呈平阔峰分布。

（2）偏度：以正态分布为标准描述数据对称性的指标。偏度系数=0，则分布对称；偏度系数>0，则频数分布的高峰向左偏移，长尾向右延伸，呈正偏态分布；偏度系数<0，则频数分布的高峰向右偏移，长尾向左延伸，呈负偏态分布。

5.5.2 创建表

【理论基础】

表用于在报表中以表格的方式显示数据。表以行和列表示包含相关数据的网格，它还包含表头和合计行。用户可以通过拖曳表中相关指标，了解更加详细的数据。下面介绍一下创建表的具体操作。

【实战案例】

案例素材	原始文件：素材\第5章\创建表——原始文件 最终效果：素材\第5章\创建表——最终效果	微课视频

01　启动 Power BI Desktop，打开本案例的原始文件"创建表——原始文件"，在【可视化】窗格中单击【表】按钮，此时报表画布中会出现表的模型，然后在【字段】窗格中勾选【部门】和【年龄】字段，系统会自动将其添加到【值】储值桶中，如图 5-57 所示，如此即可创建表。

02　在【值】储值桶中，单击【年龄】字段右侧的下拉按钮，从下拉列表中选择【计数】选项，如图 5-58 所示，即可汇总该字段的数量，此处为统计部门人数。完成后的效果如图 5-59 所示。

图 5-57	图 5-58	图 5-59

03 在【字段】窗格中，将【年龄】字段拖曳至【值】储值桶中，单击其下拉按钮，从下拉列表中选择【平均值】选项。按照同样的方法操作 4 次，分别汇总出【年龄】的【中值】、【最小值】、【最大值】和【标准偏差】，如图 5-60 所示。完成后表的效果如图 5-61 所示。

图 5-60

部门	部门人数	年龄 的平均值	年龄 的中值	年龄 的最小值	年龄 的最大值	年龄 的标准差
财务部	5	45.60	47	40	51	4.36
采购部	4	43.75	45	38	48	3.63
技术部	6	46.67	45	39	56	7.25
品管部	8	42.75	44	32	48	4.92
人力资源部	6	36.50	36	31	44	4.86
生产部	57	40.21	40	29	54	5.89
销售部	12	40.08	40	32	50	5.19
研发部	8	41.25	43	28	50	7.74
总计	106	41.01	40	28	56	6.22

图 5-61

04 设置表格式。在【可视化】窗格中单击【格式】按钮，在【网格】组中，将【文本大小】设置为 "12 磅"，如图 5-62 所示。在【列标题】组中，将【粗体】打开，如图 5-63 所示。在【条件格式】组中选择【年龄的标准差】选项，将【数据条】打开，如图 5-64 所示。

05 在表区域【年龄的平均值】标题下单击降序▼按钮，表中数据即可按年龄的平均值降序排列，表的最终效果如图 5-65 所示。

图 5-62	图 5-63	图 5-64	图 5-65

5.5.3 创建箱线图

【理论基础】

箱线图（Box-plot）又称箱形图、盒须图或盒式图，是一种用作显示一组数据分散情况的统计图，因形如箱子而得名。它主要用于反映原始数据的分布特征，显示一组数据的最大值、最小值、中位数以及上下四分位数。下面介绍一下创建箱线图的具体操作。

【实战案例】

案例 素材	原始文件：素材\第 5 章\创建箱线图——原始文件 最终效果：素材\第 5 章\创建箱线图——最终效果	

微课视频

01 启动 Power BI Desktop，打开本案例的原始文件"创建箱线图——原始文件"，按照 5.2.4 节中介绍的方法导入箱线图，如图 5-66 所示。

02 在【可视化】窗格中单击【箱线图】按钮，然后在【字段】窗格中将【姓名】字段拖曳至【Axis】储值桶，将【部门】字段拖曳至【Axis category Ⅰ】储值桶，将【年龄】字段拖曳至【Value】储值桶，如图 5-67 所示。创建的箱线图如图 5-68 所示。

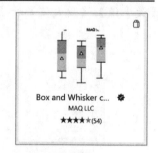

图 5-66

图 5-67

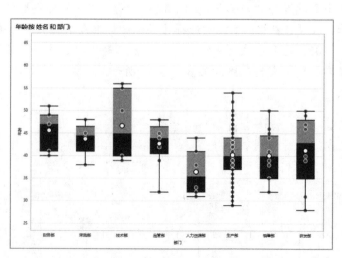

图 5-68

03　设置箱线图格式。在【可视化】窗格中单击【格式】按钮，在【标题】组中将【标题文本】设置为"各部门员工年龄分布"，将【粗体】打开，如图 5-69 所示。在【X-Axis】组中，将【Text size】设置为"14 磅"，将【Title size】设置为"16%"，如图 5-70 所示。在【Y-Axis】组中，将【Text size】设置为"14 磅"，将【Title size】设置为"16%"，如图 5-71 所示。将【Dots】的状态设置为【关】，如图 5-72 所示。

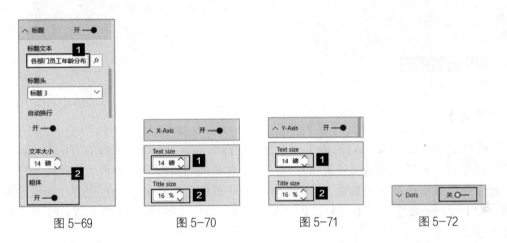

图 5-69　　　　　　图 5-70　　　　　　图 5-71　　　　　　图 5-72

04　设置完成后，箱线图的效果如图 5-73 所示。此时将鼠标指针移至任何一个箱体上，会显示该类别数据的描述性信息。图 5-74 所示为技术部员工年龄的描述性信息。

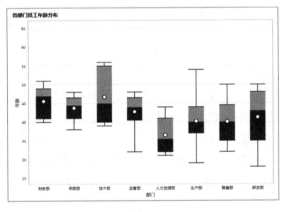

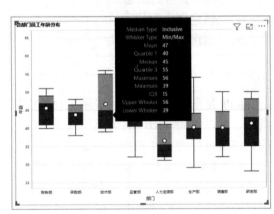

图 5-73　　　　　　　　　　　　　　　图 5-74

知识链接

　　用户自定义导入的可视化图表，默认放在【可视化】窗格中可视化效果的下方。放在该位置的可视化图表只能在当前报表文件中使用，如果要在别的文件中使用该可视化图表，需要将其固定到【可视化】窗格中。具体实现方法：在该可视化图标上单击鼠标右键，从弹出的快捷菜单中选择【固定到可视化效果窗格】选项，如图 5-75 所示。将其添加至【可视化】窗格中的效果如图 5-76 所示。

图 5-75   图 5-76

5.6 KPI 分析图表

【内容概述】

KPI（Key Performance Indicator）即关键业绩指标，是企业绩效考核的方法之一。它是衡量流程绩效的一种目标式量化管理指标，是把企业的战略目标分解为可运作的远景目标的工具，是企业绩效管理系统的基础。Power BI 为用户提供了多种 KPI 分析图表，如仪表图、卡片图、KPI 图、子弹图等。本节将从认识 KPI 分析开始，通过具体案例介绍 KPI 分析图表的创建方法。

【重点知识】

一、KPI 分析的概念   四、创建 KPI 图的方法
二、创建仪表图的方法   五、创建子弹图的方法
三、创建卡片图的方法

5.6.1 什么是 KPI 分析

KPI 是现代企业中受到普遍重视的业绩考评方法。KPI 可以使部门主管明确部门的主要责任，并以此为基础，明确部门人员的 KPI，使业绩考评建立在量化的基础之上。建立明确的、切实可行的 KPI 指标体系是做好绩效管理的关键。

KPI 指明各项工作内容应产生的结果或应达到的标准，以量化最好。常见的 KPI 有 3 种：一是效益类指标，如资产盈利效率、盈利水平等；二是营运类指标，如部门管理费用控制、市场份额等；三是组织类指标，如满意度水平、服务效率等。

KPI 是用于衡量工作人员工作绩效表现的量化指标，是绩效计划的重要组成部分。

KPI 分析符合一个重要的管理原理——二八原理。在一个企业的价值创造过程中，存在着"80/20"的规律，即 20%的骨干人员创造企业 80%的价值；而且在每一位员工身上"二八原理"同样适用，即 80%的工作任务是由 20%的关键行为完成的。因此，企业必须抓住 20%的关键行为，对其进行分析和衡量，这样就能抓住业绩评价的重心。二八原理为绩效考核指明了方向，即考核工作的主要精力要放在关键的结果和关键的过程上。于是，所谓的绩效考核，一定要放在 KPI 上，考核工作一定要围绕 KPI 展开。

了解了 KPI 分析的内容后，再来具体看一下 KPI 分析的作用。

（1）根据组织的发展规划/目标计划来确定部门/个人的 KPI。

（2）监测与 KPI 有关的运作过程。

（3）及时发现潜在的问题，发现需要改进的领域，并反馈给相应部门/个人。

（4）KPI 输出是绩效评价的基础和依据。

企业、部门乃至个人确定了明晰的 KPI 体系后，可以采取如下措施。

（1）把个人和部门的目标与企业整体的目标联系起来。

（2）对于管理者而言，阶段性地对部门/个人的 KPI 输出进行评价和控制，可引导其向正确的目标发展。

（3）集中测量企业所需要的行为。

（4）定量和定性地对直接创造利润和间接创造利润的贡献进行评估。

5.6.2　创建仪表图

【理论基础】

仪表图也称仪表盘，用于显示单个值相对于目标的进度。仪表盘使用直线（指针）表示目标或目标值，使用弧形的颜色条表示针对目标的进度。仪表盘的最左侧表示最小值，最右侧表示最大值。下面介绍一下创建仪表图的具体操作。

【实战案例】

案例 素材	原始文件：素材\第 5 章\创建仪表图——原始文件	
	最终效果：素材\第 5 章\创建仪表图——最终效果	微课视频

01 启动 Power BI Desktop，打开本案例的原始文件"创建仪表图——原始文件"，在【可视化】窗格中单击【仪表】按钮，然后在【字段】窗格中勾选【年利润/万元】字段，系统会自动将其添加到【值】储值桶中，如图 5-77 所示。创建的仪表图如图 5-78 所示，当前【年利润/万元】字段的总和（默认的汇总方式）为 3328，仪表图默认将其假定在仪表图的中间点上，并将起始值（最小值）设置为 0，结束值（最大值）设置为双倍的当前值 6656。

图 5-77

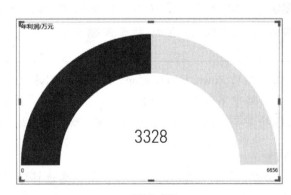

图 5-78

02 在【可视化】窗格的【字段】选项卡中，可将数据表的字段设置为【最小值】、【最大值】和【目标值】，如图 5-79 所示。本例中没有在数据表中预设【年利润/万元】的最小值、最大值和目标值，所以不能通过字段来设置这些值，可在【格式】选项卡下进行设置。单击【可视化】窗格中的【格式】按钮，在【测量轴】组中，将【最小】设置为"0"，【最大】设置为"6000"，【目标】设置为"4000"，如图 5-80 所示。

03 设置仪表图格式。在【可视化】窗格的【格式】选项卡中，将【数据标签】的【文本大小】设置为"14 磅"，将【目标】的【文本大小】设置为"14 磅"，将【标题】的【文本大小】设置为"16 磅"，并将【粗体】打开。设置完成后，仪表图的效果如图 5-81 所示。

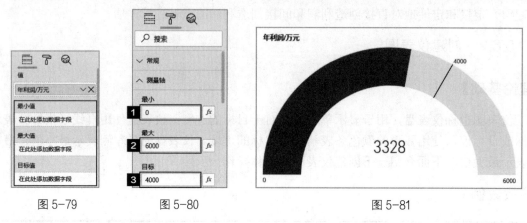

图 5-79   图 5-80   图 5-81

5.6.3 创建卡片图

【理论基础】

卡片图也称大数字磁贴。如果要在报表或仪表板中展示的重要指标只是一个数值，用户可以用卡片图来展示。由于卡片图只能展示一个值，所以仅需要一个字段就可以生成。下面介绍一下创建卡片图的具体操作。

【实战案例】

案例素材	原始文件：素材\第 5 章\创建卡片图——原始文件	
	最终效果：素材\第 5 章\创建卡片图——最终效果	

微课视频

01 启动 Power BI Desktop，打开本案例的原始文件"创建卡片图——原始文件"，在【可视化】窗格中单击【卡片图】按钮，然后在【字段】窗格中勾选【实际付款/元】字段，系统会自动将其添加到【字段】储值桶中，如图 5-82 所示。创建的卡片图如图 5-83 所示。

> **小贴士**
>
> 由于卡片图只能展示一个值，所以当选择字段时，它会自动聚合，如数值型字段自动聚合为求和，文本型字段自动展示第一个。

图 5-82

图 5-83

02　设置卡片图格式。在【可视化】窗格中单击【格式】按钮，然后在【数据标签】组中将【显示单位】设置为【无】，如图 5-84 所示。在【类别标签】组中将【文本大小】设置为 "14 磅"，如图 5-85 所示。将【边框】设置为【开】，然后选择一种合适的颜色，将【半径】设置为 "8 像素"，如图 5-86 所示。设置完成后，卡片图的效果如图 5-87 所示。

图 5-84

图 5-85

图 5-86

图 5-87

5.6.4　创建 KPI 图

【理论基础】

　　KPI 图由大号数值和面积图组成，主要用于衡量当前值和目标值的差异和走向趋势。当需要在报表中展示目标完成的具体数值及走向趋势时，就可以创建 KPI 图。下面介绍一下创建 KPI 图的具体操作。

【实战案例】

案例素材	原始文件：素材\第 5 章\创建 KPI 图——原始文件	
	最终效果：素材\第 5 章\创建 KPI 图——最终效果	微课视频

　　01　启动 Power BI Desktop，打开本案例的原始文件 "创建 KPI 图——原始文件"，新建计算表。切换到【建模】选项卡，单击【计算】组中的【新建表】按钮，然后在公式栏中输入公式 "月销售额汇总 = SUMMARIZE('销售明细','销售明细'[月份],"月汇总",SUM('销售明细'[实际付款/元]))"，新建 "月销售额汇总" 表，如图 5-88 所示。

　　02　新建度量值。单击【计算】组中的【新建度量值】按钮，然后在公式栏中输入公式 "月目标 = 1600"，新建月目标度量值，如图 5-89 所示。

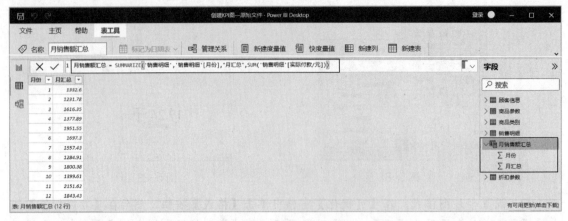

图 5-88

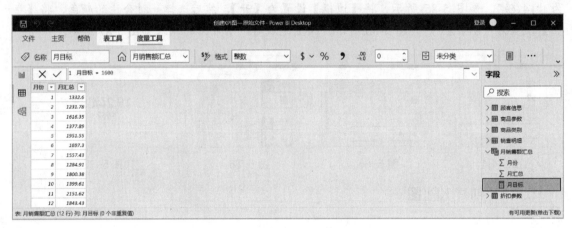

图 5-89

03 在【可视化】窗格中单击【KPI】按钮，然后在【字段】窗格中，将【月汇总】字段拖曳至【指标】储值桶中，将【月份】字段拖曳至【走向轴】储值桶中，将【月目标】字段拖曳至【目标值】储值桶中，如图 5-90 所示。创建的 KPI 图如图 5-91 所示。

图 5-90

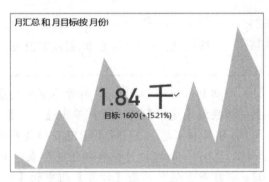

图 5-91

04　设置 KPI 图格式。在【可视化】窗格中单击【格式】按钮，然后在【标题】组中将【粗体】打开。在【指标】组中，将【显示单位】设置为【无】，如图 5-92 所示。在【颜色编码】组中可以设置【颜色正确】、【中性色】和【颜色错误】3 种颜色，如图 5-93 所示。这里保持默认设置（分别为绿色、黄色、红色）。设置完成后，KPI 图的效果如图 5-94 所示（彩色图像可参考本节素材及微课）。

图 5-92

图 5-93

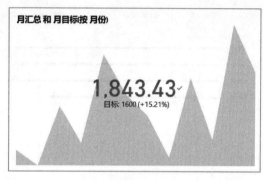
图 5-94

在图 5-94 所示的 KPI 图中，在当前衡量周期内，最后一个月销售额汇总为 1843.43（指标），目标值为 1600，所以超额完成 15.21%（有时 Power BI 的计算可能会存在一定的误差，属正常情况），超额完成时指标值显示为绿色。同时，KPI 图的背景按月份展示了月销售额的走向趋势。

5.6.5　创建子弹图

【理论基础】

子弹图因其外形像射出的子弹而得名，主要用于考核实际数据与目标的差异情况，在各种 KPI 分析中经常可以看到，如分析销售达成情况等。下面介绍一下创建子弹图的具体操作。

【实战案例】

| 案例素材 | 原始文件：素材\第 5 章\创建子弹图——原始文件 |
| | 最终效果：素材\第 5 章\创建子弹图——最终效果 |

微课视频

01　启动 Power BI Desktop，打开本案例的原始文件"创建子弹图——原始文件"，按照 5.2.4 节中介绍的方法导入子弹图，如图 5-95 所示。

02　在【可视化】窗格中单击【子弹图】按钮，然后在【字段】窗格中将【业务部】字段拖曳至【类别】储值桶中，将【销售额】字段拖曳至【值】储值桶中，将【销售任务】字段拖曳至【目标值】储值桶中，即可创建子弹图，如图 5-96 所示。

03　设置子弹图格式。在【可视化】窗格中单击【格式】按钮，

Bullet Chart
Microsoft Corporation
★★★★★(36)
图 5-95

然后在【标题】组中将【粗体】打开。在【数据值】组中，将【最小%】设置为"0"，将【有待改善%】设置为"60"，将【一般%】设置为"80"，将【好%】设置为"90"，将【很好%】设置为"100"，如图 5-97 所示。其他项目保持默认设置，设置完成后，子弹图的效果如图 5-98 所示。

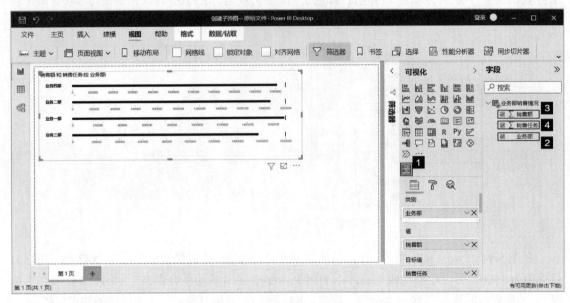

图 5-96

图 5-97

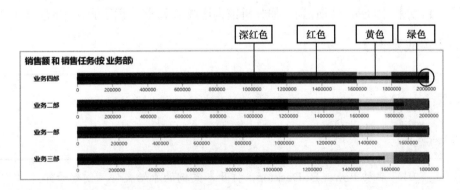

图 5-98

在图 5-98 所示的子弹图中，各黑色横线顶点落在的区域代表各业务部销售任务的完成情况（各颜色代表的区间可在【格式】选项卡下的【颜色】组中查看和设置）（注：彩色图像可参考本节素材及微课）。图中完成情况最好的是业务四部，其销售额已超过销售任务（图中最右侧的黑色竖线），即销售额是销售任务的 100%以上（黑色横线的顶点落在深绿色区域内），表示超额完成任务。

知识链接

本章介绍的雷达图、箱线图和子弹图，都是需要用户登录 Power BI 账户并自行下载的，如果没有 Power BI 账户，也可以将本章素材文件中"自定义可视化对象"文件夹中提供的雷达图、箱线图和子弹图的可视化对象文件直接导入报表文件。

具体操作方法为：在【可视化】窗格中单击【获取更多视觉对象】按钮，从下拉列表中选择【从文件导入视觉对象】选项，如图 5-99 所示，然后选中提供的视觉对象文件导入即可。

图 5-99

章节实训

实训 1　网店流量结构分析

【实训目标】

本章介绍了结构分析图表，本实训的主要内容为对网店的流量结构进行分析，可提高学生对结构分析图表的应用能力。

【实训操作】

01　启动 Power BI Desktop，打开本实训的原始文件"实训素材\第 5 章 实训\网店流量结构分析——原始文件"，在【可视化】窗格中单击【饼图】按钮，创建饼图。

02　在【字段】窗格中将【流量来源】字段拖曳至【图例】储值桶中，将【访客数】字段拖曳至【值】储值桶中，即可创建各类流量来源的访客数占比饼图。

03　设置饼图格式。将标题文本设置为【粗体】，图例设置为【关】，在【详细信息标签】组中将【标签样式】设置为【类别，总百分比】，【文本大小】设置为"12 磅"。效果如图 5-100 所示。

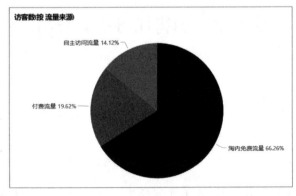

图 5-100

实训 2　会员购买力描述性分析

【实训目标】

本章介绍了描述性分析图表，本实训的主要内容为根据会员购买信息表的数据，绘制折线图分析会员购买总金额的平均值和购买总次数的关系，可提高学生对描述性分析图表的应用能力。

【实训操作】

01　启动 Power BI Desktop，打开本实训的原始文件"实训素材\第 5 章　实训\会员购买力描述性分析——原始文件"，在【可视化】窗格中单击【折线图】按钮，创建折线图。

02　在【字段】窗格中将【购买总次数】字段拖曳至【轴】储值桶中，将【购买总金额】字段拖曳至【值】储值桶中，然后将其汇总方式设置为【平均值】，即可创建购买总金额的平均值和购买总次数的折线图。

03　设置折线图格式。将标题文本设置为【粗体】，【数据标签】设置为【开】，将 X 轴和 Y 轴的【文本大小】都设置为"12 磅"。效果如图 5-101 所示。

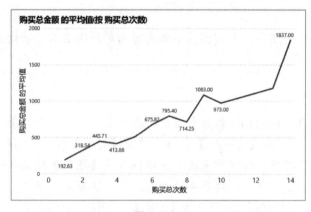

图 5-101

实训 3　销售任务达成分析

【实训目标】

本章介绍了 KPI 分析图表，本实训的主要内容为制作员工销售任务达成分析的仪表图，可提高学生对仪表图的应用能力。

【实训操作】

01　启动 Power BI Desktop，打开本实训的原始文件"实训素材\第 5 章　实训\销售任务达成分析——原始文件"，在【可视化】窗格中单击【仪表】按钮，创建仪表图。

02　在【字段】窗格中将【实际付款/元】字段拖曳至【值】储值桶中，即可创建实际付款金额的仪表图。

03　设置格式。将标题文本设置为【粗体】。在【测量轴】组中将【最大】设置为"30000"，【目标】设置为"25000"。然后将数据标签、目标和标注值的【显示单位】都设置为【无】。仪表图的最终效果如图 5-102 所示。

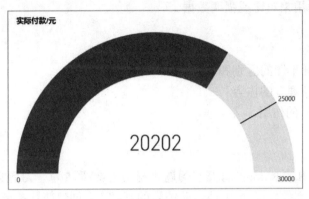

图 5-102

思考与练习

一、不定项选择题

1. 以下关于图表元素的说法，不正确的是（　　　）。

A. 图例通过颜色或符号等要素来标识图表中的每个数据系列

B. 数据标签的作用是标注数据点的"系列名称""类别名称""值""百分比"等

C. 当图表中超过一个数据系列时，需要添加图例来区分不同的系列，以免混淆

D. 在创建图标时，图表元素越多，越有助于读者读取图表中的重要信息

2. 以下关于图表色彩搭配的说法，正确的有（　　　）。

A. 当数据系列多于一个时，可以通过相似色来体现不同的数据系列

B. 当数据系列中有需要强调的重点时，可以使用相似色

C. 如果要对比分析两个不同类别的数据，可以用对比色

D. 制作图表时使用的颜色建议不要太多，颜色太多会让图表的重点不突出

3. 以下关于图表选择的说法，错误的是（　　　）。

A. 当要对比数据的大小差异时，可以选择柱形图

B. 当要表达数个特定数值之间的数量变化关系以及两个数据点之间数量的演变过程时，可以选用折线图

C. 当对业务流程环节多、周期长的流程进行分析时，可以选择漏斗图

D. 如果要反映原始数据的分布特征，显示一组数据的最大值、最小值、中位数及上下四分位数时，可以选择箱线图

二、判断题

1. 结构分析图表，又称比重分析图表，是依据各部分占总体的比重，对各部分进行对比的分析图表。一般某部分的比重越大，其对总体的影响也就越大。（　　　）

2. 三维效果的图表看起来更美观，可读性非常高，使数据更具说服力。（　　　）

3. 对比色是可以明确区分的色彩，它既能达到明显的色彩效果，又有很强的视觉冲击力，因此对比色适合用来对比或强调数据。（　　　）

三、简答题

1. 简述饼图与环形图的区别和联系。
2. 简述"二八原理"的内容。
3. 简述 KPI 分析的作用。

四、实操题

1. 启动 Power BI Desktop，打开"习题素材与答案\第 5 章　习题素材与答案\员工销售额对比分析——原始文件"，在员工销售业绩表的基础上，创建簇状条形图，按员工姓名对比分析销售额数据，并对簇状条形图进行格式设置，效果如图 5-103 所示。

2. 启动 Power BI Desktop，打开"习题素材与答案\第 5 章　习题素材与答案\员工销售任务完成情况分析——原始文件"，导入子弹图可视化对象，在员工销售业绩表的基础上，创建子弹图并设置格式（设置数据值：【有待改善%】为 80，【一般%】为 90，【好%】为 100，【很好%】为 110），效果如图 5-104 所示。

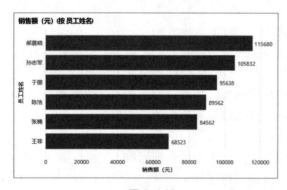

图 5-103

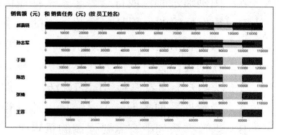

图 5-104

第**6**章 Power BI 商业数据分析报表

　　使用 Power BI 分析数据的最终目的是通过制作商业数据分析报表，将数据分析结果直观地展示给决策者，从而为决策者提供决策参考。用户通过对数据的理解，基于前面章节的介绍，结合本章对报表的介绍和指导式的操作，通过拖、拉的方式就可以轻松创建报表，将数据变化的过程和结果完整地呈现出来，以"酷炫"的方式表达数据信息。

　　本章将从认识 Power BI 商业数据分析报表开始，在对商业数据分析报表的类型、结构和制作原则有所了解的基础上，对商业数据分析报表的整合、筛选、书签、发布等内容进行具体介绍。

学习目标

1. 认识 Power BI 商业数据分析报表
2. 学会整合商业数据分析报表
3. 掌握筛选商业数据分析报表的方法
4. 掌握为商业数据分析报表制作书签的方法
5. 掌握商业数据分析报表发布的方法

6.1　认识 Power BI 商业数据分析报表

【内容概述】

　　通过对前面章节的学习，大家应该已经可以通过视觉对象来展示数据。但是在实际数据分析中，往往需要展示的是对数据进行的多层次、多角度综合分析，这时就需要制作数据分析报表。在学习报表的具体制作方法之前，我们先通过本节内容来认识一下 Power BI 商业数据分析报表。

【重点知识】

一、商业数据分析报表的概念
二、商业数据分析报表的类型
三、商业数据分析报表的结构
四、商业数据分析报表的制作原则

6.1.1　什么是商业数据分析报表

　　商业数据分析报表是数据集的多层次、多角度视图，以可视化效果来展示数据和数据的各种统计分析结果，从而帮助报表使用者进行决策。Power BI 报表通过一页或多页可视化效果（如柱形图、饼图、折线图、仪表图等可视化对象），直观地表达数据含义，使用户更容易分析数据。报表中的所有可视化对象均来自单个数据集。数据集中可包含多个数据表，数据表可包含来自不同数据源的数据。

图 6-1 和图 6-2 展示的是 Power BI Desktop 中创建的两页报表，分别用来进行"销售数据分析"和"顾客信息分析"。

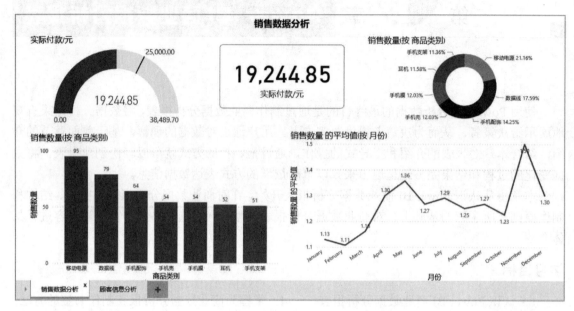

图 6-1

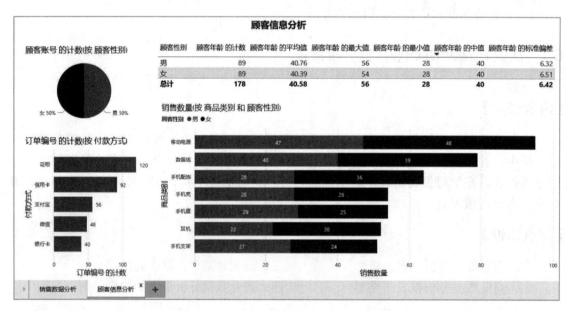

图 6-2

报表中的视觉对象都是动态的，可以进行交互，这是使用 Power BI 创建报表的最大特点之一。通过报表的这一功能，用户可以方便地与之交互，高效完成数据分析工作。

本书介绍的报表基本都是在 Power BI Desktop 中创建的。用户创建完成后登录 Power BI 账户，即可对报表进行部署和共享，以及控制其权限。具有不同权限的人员可以进行浏览、设计、共享等不同的操作。

6.1.2　商业数据分析报表的类型

Power BI 商业数据分析报表因对象、时间、内容和方法等因素的不同，而存在不同的报表类型。常见的 Power BI 数据分析报表有综合分析报表、专题分析报表和日常通报报表等。

1．综合分析报表

综合分析报表是对某个系统的数据进行全面评价的一种数据分析报表，如某企业运营状况分析报表、某地区经济发展分析报表等。综合分析报表具有以下两个特点。

（1）全面性。综合分析报表反映的对象以地区、部门或单位为分析总体，站在全局的高度反映总体特征，做出总体评价。例如，在分析一个公司的整体运营情况时，可以从产品、价格、渠道、促销和客户等多个角度进行分析。

（2）关联性。综合分析报表要对互相关联的对象和问题进行综合分析。在系统地分析指标体系的基础上，考察对象之间的内部联系和外部联系。这种联系的重点是比例和平衡关系，即比例是否合理，发展是否协调等。

2．专题分析报表

专题分析报表是对社会经济现象的某一方面或某一问题进行专门研究的一种数据分析报表，它的主要作用是为决策者制定策略、解决问题提供参考和依据，如网店流量专题分析报表、促销活动专题分析报表等。专题分析报表具有以下两个特点。

（1）单面性。专题分析不要求反映事物的全貌，主要针对某一方面或者某一问题进行分析即可，如店铺顾客流失分析、店铺成交转化率分析等。

（2）具体性。由于专题分析的内容单一、重点突出，因此分析者需要集中精力解决主要问题，深入探索与挖掘数据信息，包括对问题的具体描述、原因分析，以及具体的解决方案等。

3．日常通报报表

日常通报报表是分析定期数据，反映计划执行情况，并分析其影响因素的一种数据分析报表。它一般是按日、周、月、季度等时间阶段定期进行的，因此也被称为定期分析报表，如销售情况日常通报、目标达成监控情况报表等。日常通报报表具有以下 3 个特点。

（1）规范性。日常通报报表是定时向决策者提供的例行报表，所以会形成比较规范的结构形式，它一般包括计划执行的基本情况、计划执行中的成绩和经验、存在的问题和措施、建议等基本部分。

（2）执行性。由于日常通报报表主要反映计划的执行情况，因此分析者必须把执行情况和时间进展结合起来进行分析，比较两者是否一致，从而判断计划完成的好坏。

（3）时效性。日常通报报表是时效性最强的一种报表。只有及时提供业务发展过程中的各项信息（任务执行情况），才能帮助决策者掌握最新的业务动态，并根据实际情况及时采取相关措施。

6.1.3　商业数据分析报表的结构

数据分析报表都有一定的结构，但由于不同的业务性质、分析需求等原因，数据分析报表的结构也会发生变化。在 Power BI Desktop 中，商业数据分析报表有其独有的结构，主要由两部分组成：报表标题和可视化组件。

1．报表标题

标题要紧扣数据分析的核心内容，要高度概括数据分析的主旨，点明该数据分析报表的主题或者观点。一个好的标题不仅能体现报表的主题，还能激发读者的阅读兴趣，激发读者对报表内容的联想。一个好的标题至少要做到以下几点。

（1）贴合主题。标题要与商业数据分析报表的整体内容相符合，能够准确表明商业数据分析报表的核心内容。

（2）语言简要概括。标题必须具有高度的概括性，简洁、准确地表达出商业数据分析报表内容的主题精神以及主要内容。

（3）不拐弯抹角。商业数据分析报表是一种严谨、直接的文体，开门见山地表达报告中的基本观点，能让读者直截了当地了解到报表的主要内容，加快对报表内容的了解速度。

2．可视化组件

可视化组件是报表的主体部分，报表主要是由一个个可视化组件组成的。因此，可视化组件的创建过程也可以看作 Power BI 商业数据分析的流程（需求分析→数据获取→数据预处理→数据分析→数据呈现→数据报表）。关于商业数据分析的主要流程在前面的章节已经介绍过了，这里不再介绍。

创建完可视化组件，只是完成了创建报表的基本工作，用户还需要在此基础上对报表进一步完善，让报表更便于阅读与分析。本章会详细介绍以上内容。

6.1.4　商业数据分析报表的制作原则

商业数据分析报表本质上是一种信息传递的形式，主要目的是将分析结果、可行性建议以及有价值的信息传递给管理者。在制作商业数据分析报表时，要遵循以下几个原则。

（1）准确性原则。数据质量是决定商业数据分析报表质量的前提。数据分析的结果和生成的报表只有在数据质量得到保证后才具有指导意义。因此分析者必须在可靠的数据源中找到真实的数据，并对数据特征进行准确的描述。

（2）重要性原则。为了保证商业数据分析报表信息传递和分析的效率，分析者要始终坚持重要性原则，即在各项数据分析中，要体现数据分析的重点，科学、专业地进行分析，并且在描述结论时要按照问题的重要性来排列。

（3）严谨性原则。分析者要保证整个分析过程的严谨性，做到每一个结论都有迹可循，有据可循，分析与结论环环相扣，从根本上保证报告的逻辑性和科学性；每一部分的分析都能对应有价值的结论，从而保证商业数据分析报表整体的紧凑性和高效性。

（4）规范性原则。商业数据分析报表中所使用的名词术语一定要规范，标准要统一，前后要一致。

（5）创新性原则。社会是不断发展进步的，会不断有创新的方法或模型从实践中被摸索出来，商业数据分析报表要与时俱进，将这些创新的方法或模型记录下来并应用到实践中。

总之，一份完整的商业数据分析报表，应该明确分析目的，满足分析需求，遵循一定的原则，系统反映业务状态，从而推动业务的进一步发展。

拓展阅读	**数据分析并不难**

在大数据时代，各行各业几乎都呈现了高度数字化的趋势。许多部门和职位都需要处理数据，因此相关人员有必要掌握一些数据分析技能。许多对数字不敏感的人一听说要做与数据分析相关的工作就开始瑟瑟发抖。别担心，数据分析没那么难。

一般来说，数据分析的最终结论和目的是为某一方面的决策提供可靠的建议和指导。因此，在制作数据分析报表时，必须明确决策者希望从报告中获得哪些信息和建议，参考哪些数据指标，以及数据的时间跨度是多少等。明确需求后再进行分析就容易多了。

6.2　整合商业数据分析报表

【内容概述】

单个可视化对象的制作很简单，但一页报表中不止一个可视化对象，很多报表也不止一页，要将多个可视化对象、多个页面组合到一起，形成整体、统一、美观的报表，就需要掌握报表的设计技巧。本节将介绍如何对商业数据分析报表进行整合。

【重点知识】

一、设置报表页
二、调整图表的大小、位置和颜色
三、添加其他对象——文本框、形状、图像

6.2.1　设置报表页

Power BI 的报表视图下会呈现报表画布界面。报表画布就像 Power Point 的幻灯片，用于摆放要呈现的视觉对象。对报表页的设置主要包含 3 部分内容：报表页的底部导航栏操作、报表画布的视图选项和报表页面的格式设置。

1．报表页的底部导航栏操作

（1）插入、删除报表页。在 Power BI Desktop 报表页的底部导航栏中，单击报表页名称右侧的【新建页】按钮，即可插入新的报表页，如图 6-3 所示。如果某一报表页不再需要，可将其删除，单击该报表页名称右上角的【删除页】按钮，如图 6-4 所示。弹出【删除此页】对话框，单击【删除】按钮，即可删除，如图 6-5 所示。

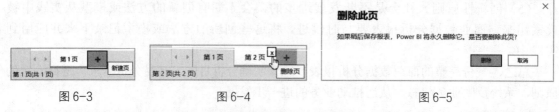

图 6-3   图 6-4   图 6-5

（2）重命名报表页。Power BI Desktop 默认的报表页名称为"第×页"，不便于查找和记忆，用户可根据报表页的内容重命名报表页。在报表页名称上单击鼠标右键，从弹出的快捷菜单中选择【重命名页】，如图 6-6 所示。或者直接在报表页名称上双击，输入新的名称即可。

（3）复制与移动报表页。如果要将当前报表页复制一页，则在报表页名称上单击鼠标右键，从弹出的快捷菜单中选择【复制页】，如图 6-7 所示。此时可看到导航栏右侧出现一个与复制页内容相同的报表页。如果要移动报表页的位置，首先选中该报表页，然后将鼠标光标移至报表页名称上，单击鼠标右键拖曳至新的位置，释放鼠标即可，如图 6-8 所示。

图 6-6   图 6-7   图 6-8

（4）隐藏报表页。如果不希望将报表中的某些页展示出来，可将这些页隐藏，如此在使用 Power BI 在线服务时就不会看到这些隐藏页。在需要隐藏的报表页名称上单击鼠标右键，从弹出的快捷菜单中选择【隐藏页】，即可将该报表页隐藏，如图 6-9 所示。如果要取消隐藏，在隐藏的报表页名称上单击鼠标右键，从弹出的快捷菜单中选择【隐藏页】即可。

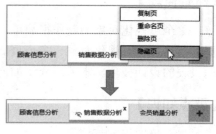

图 6-9

小贴士

需要注意的是，对报表页进行隐藏后，用户只是在使用 Power BI 在线服务时看不到，在 Power BI 文件中仍然可以访问该报表页的内容，因此，隐藏报表页并不是一种保护数据的安全措施。

2．报表画布的视图选项

（1）设置画布大小。切换到【视图】选项卡，单击【页面视图】下拉按钮。下拉列表中有 3 个选项：【调整到页面大小】、【适应宽度】和【实际大小】，用户可根据需要进行设置，如图 6-10 所示。

（2）设置移动布局。有时做好的报表需要在移动端（手机）上观看，这时桌面版的布局就不利于观看了，需要用户调整画布的形状和大小。切换到【视图】选项卡，单击【移动布局】按钮，即可进入移动布局界面，此时画布会变成手机形状的竖版画布，将右侧【页面视觉对象】窗格中的视觉对象拖曳至竖版画布区域，然后重新进行布局即可，如图 6-11 所示。

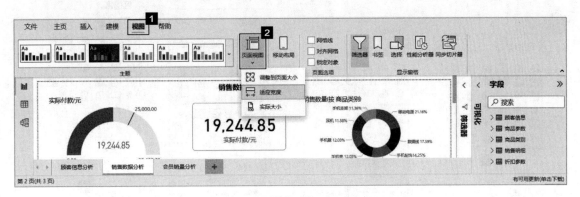

图 6-10

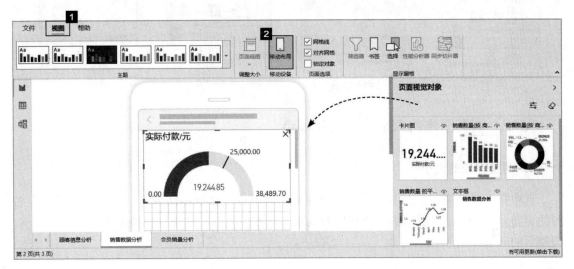

图 6-11

知识链接

移动布局只是报表的一种视图，其排版和布局操作不会影响之前的报表布局，如果要恢复之前的视图，再次单击【移动布局】按钮即可。【移动布局】按钮可使报表在两种视图之间随时切换。由于移动办公的普遍应用，建议在创建商业数据分析报表时，同时做好报表的移动布局，以备不时之需。

---

3. 报表页面的格式设置

在【可视化】窗格下单击【格式】按钮，在【页面大小】组中可以对【类型】进行设置，默认的类型是【16:09】，用户可根据需求从下拉列表中选择其他类型，如图 6-12 所示。在【页面背景】组中可以设置画布背景的【颜色】和【透明度】，如图 6-13 所示。在【页对齐】组中可以设置【垂直对齐】，如图 6-14 所示。在【壁纸】组中可以为画布设置壁纸的【颜色】

和【透明度】，如图 6-15 所示。

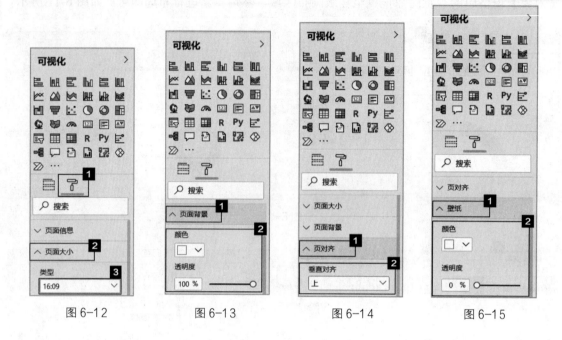

图 6-12   图 6-13   图 6-14   图 6-15

6.2.2 调整图表的大小、位置和颜色

1．调整图表的大小

选中报表中的图表，在图表四周会出现 8 个调整点，如图 6-16 所示。将鼠标指针移至右侧的调整点上时，此时鼠标指针会变成双向箭头。按住鼠标左键拖曳，即可调整图表的大小，调整后的效果如图 6-17 所示。

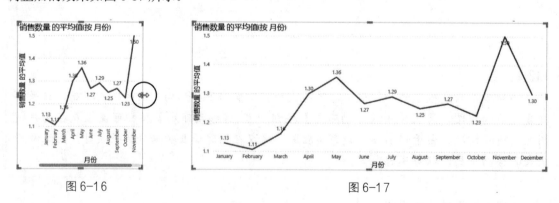

图 6-16   图 6-17

2．调整图表的位置

选中报表中的图表，将鼠标指针移至图表内部的空白区域，此时鼠标指针会变成箭头形状，如图 6-18 所示。按住鼠标左键拖曳，即可调整图表的位置。

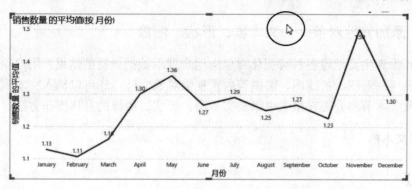

图 6-18

3. 调整图表的颜色

在制作报表时，为视觉对象配色是非常烦琐的工作，为了节省时间，用户可以借助主题功能，为整个报表配色。

切换到【视图】选项卡，单击【主题】右侧的下拉按钮，从下拉列表中选择一种主题样式即可，如图 6-19 所示。

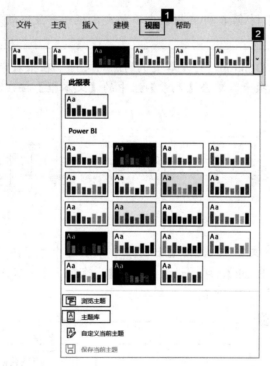

图 6-19

如果用户想要获取更多的主题样式，只要在主题下拉列表中选择【主题库】选项，即可从 Power BI 官网下载喜欢的主题（主题样式的文件扩展名为 ".json"）。

主题下载完成后，从主题下拉列表中选择【浏览主题】选项，从弹出的对话框中找到下载的主题，单击【打开】按钮即可应用。

6.2.3　添加其他对象——文本框、形状、图像

Power BI 报表主要通过各种可视化对象向用户展示数据分析的结果。用户除了可以向报表中添加图表（柱形图、折线图、饼图等内置视觉对象）外，还可以插入文本框、形状、图像等简单对象。本节将介绍在报表中添加文本框、形状、图像的具体操作方法。

1．添加文本框

【理论基础】

文本框主要用来在报表中添加标题、文字等信息。用户可以在编辑工具栏中对文字进行字体、字号、颜色、加粗、倾斜、下划线、对齐、插入链接、项目符号等设置。下面介绍一下具体的操作方法。

【实战案例】

案例素材	原始文件：素材\第 6 章\在报表中添加文本框——原始文件 最终效果：素材\第 6 章\在报表中添加文本框——最终效果	 微课视频

01　启动 Power BI Desktop，打开本案例的原始文件"在报表中添加文本框——原始文件"，切换到【插入】选项卡，单击【元素】组中的【文本框】按钮，如图 6-20 所示，即可在报表中插入文本框。

图 6-20

02　在文本框中输入文字"人民邮电出版社"，然后选中文字内容，在弹出的编辑工具栏中将字体设置为【Arial Black】，字号设置为【18】，颜色设置为蓝色，并设置加粗、倾斜、下划线、居中对齐，如图 6-21 所示。

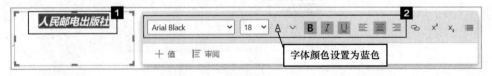

图 6-21

03　单击编辑工具栏中的【插入链接】按钮，在右侧的文本框中输入网址，单击【完成】按钮，如图 6-22所示。

图 6-22

04　在文本框中，当鼠标光标定位到链接文字时，编辑工具栏中会显示链接地址，如图 6-23 所示，单击链接地址可打开链接地址链接的网页。单击右侧的【编辑】按钮，显示链接编辑框可修改链接地址。单击【删除】按钮，可删除链接地址。

图 6-23

2. 添加形状

【理论基础】

在 Power BI 报表中添加的形状，主要用来作为按钮进行操作设置，如上一步、书签、钻取、页导航条、问答等。下面介绍添加形状的具体操作方法。

【实战案例】

案例素材	原始文件：素材\第 6 章\在报表中添加形状——原始文件	
	最终效果：素材\第 6 章\在报表中添加形状——最终效果	微课视频

01　启动 Power BI Desktop，打开本案例的原始文件"在报表中添加形状——原始文件"，切换到【插入】选项卡，单击【元素】组中的【形状】下拉按钮，从下拉列表中选择【圆角矩形】，即可将其插入报表，然后将其调整为合适的大小，如图 6-24 所示。

图 6-24

02　设置形状格式。选中形状，在【设置形状格式】窗格中，将【边框】设置为【关】，将【文本】设置为【开】，在【文本】文本框中输入"返回上一页"，将【文本大小】设置为"16 磅"、【字体系列】设置为【Arial Black】，如图 6-25 所示。在【形状】组中将【圆角】设置为"50%"，将【形状发光】设置为【开】，如图 6-26 所示。将【操作】设置为【开】，在【类型】下拉列表框中选择【上一步】，如图 6-27 所示。设置完成后形状的效果如图 6-28 所示。

图 6-25   图 6-26   图 6-27   图 6-28

03 选中形状，按【Ctrl】+【C】组合键复制形状，然后新建一页空白报表，按【Ctrl】+
【V】组合键粘贴形状，再新建一页空白报表，按【Ctrl】+【V】组合键粘贴形状，这样每页

报表中都有一个"返回上一页"形状。按住
【Ctrl】键，单击形状，即可实现返回上一页
的操作，如图 6-29 所示。

3．添加图像

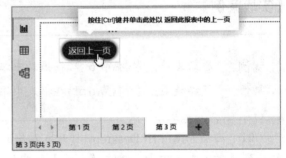

【理论基础】

　　添加图像的原理与添加形状的类似，通
常也是用来进行操作设置的。下面介绍一下
在报表中添加图像并设置操作的具体方法。

图 6-29

【实战案例】

案例素材	原始文件：素材\第 6 章\在报表中添加图像——原始文件	
	最终效果：素材\第 6 章\在报表中添加图像——最终效果	微课视频

01 启动 Power BI Desktop，打开本案例的原始文件"在报表中添加图像——原始文件"，切
换到【插入】选项卡，单击【元素】组中的【图像】按钮，如图 6-30 所示。

02 弹出【打开】对话框，选择本案例的素材文件"返回图片"，单
击【打开】按钮，如图 6-31 所示。

03 设置图像格式。选中插入的图像，在【格式图像】窗格中，将【操
作】设置为【开】，在【类型】下拉列表框中选择【上一步】，如图 6-32
所示。

图 6-30

图 6-31　　　　　　　　　　　　　　　　　图 6-32

04　选中图像，按【Ctrl】+【C】组合键复制图像，然后新建一页空白报表，按【Ctrl】+【V】组合键粘贴图像，再新建一页空白报表，按【Ctrl】+【V】组合键粘贴图像，这样每页报表中都有一个返回箭头。按住【Ctrl】键，单击图像，即可实现返回上一页的操作，如图 6-33 所示。

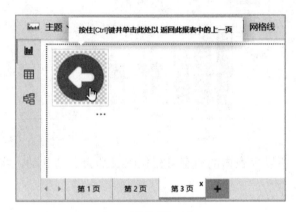

图 6-33

> **知识链接**
>
> 　　制作一个报表，用到的功能比较多，虽然操作难度不大，但大家一定要动手去练习，熟练掌握了基本的功能，才能灵活运用，从而尽可能地使最终的报表接近我们的设计初衷，让报表使用者更方便、更快速地获取信息。

6.3　筛选商业数据分析报表

【内容概述】

　　Power BI 中的图表都是可以动态交互的，可以引导用户在可视化过程中进一步分析数据，可视化的过程也是分析数据的过程。在报表中，用户通过筛选可以实现更多的动态效果和深入的数据探索。在 Power BI 中进行筛选的方法主要有突出显示、编辑交互、筛选器和切片器。本节将分别对其进行介绍。

【重点知识】

一、突出显示　　　　　　　　三、筛选器
二、编辑交互　　　　　　　　四、切片器

6.3.1　突出显示

在报表画布上选择字段，可以进行筛选并突出显示。突出显示不会删除数据，只是突出显示相关数据。其余数据仍然可见，只是暗显而已。

如图 6-34 所示，单击"销售数量（按商品类别）"图表中的"移动电源"，报表画布中的所有图表会筛选并突出显示该类型的数据，其他数据则会暗显。如果要取消，则在选择的字段上再次单击或者在任意视觉对象的空白区域单击即可。

该突出显示类型是交互式的，是一种快速浏览数据并获得分析结果的很好的体验。由于

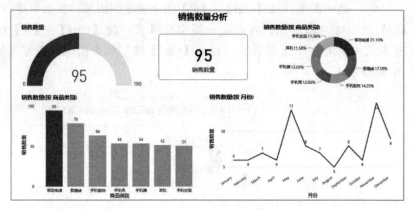

图 6-34

数据之间都有关联性，所以报表内的所有可视化图表都会自动联动，实现动态的数据效果。

6.3.2　编辑交互

【理论基础】

突出显示功能是报表画布中的所有可视化对象共有的，用户单击报表画布中任何一个图表中的字段，其他可视化图表都会自动联动，如此虽然很方便，但也缺少选择性。如果用户在交互过程中不需要联动所有的图表，可以用"编辑交互"功能。下面介绍一下编辑交互的应用。

【实战案例】

案例素材	原始文件：素材\第 6 章\编辑交互——原始文件	
	最终效果：素材\第 6 章\编辑交互——最终效果	微课视频

01　启动 Power BI Desktop，打开本案例的原始文件"编辑交互——原始文件"，选中报表画布中的堆积柱形图，切换到【格式】选项卡，单击【编辑交互】按钮，如图 6-35 所示。

此时可以看到在每个可视化对象的右上角都会出现 2～4 个按钮，如图 6-36 所示。其中按钮 表示【筛选器】，按钮 表示【无】，按钮 表示【突出显示】。用户可以根据分析需求，对每个可视化对象采用不同的筛选方式。

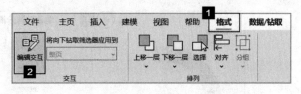

图 6-35

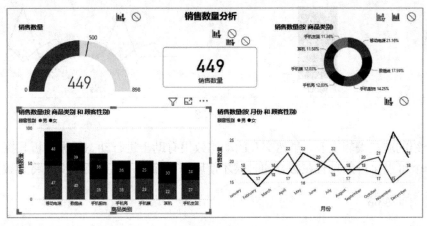

图 6-36

02 选中圆环图，然后单击圆环图中移动电源部分的圆环（表示以圆环图中的移动电源作为筛选条件），则报表画布中的所有图表都以移动电源为筛选条件进行显示，如图 6-37 所示。其中有【突出显示】按钮 的图表会默认突出显示筛选条件，其他数据暗显（图中的堆积柱形图），其他图表（如仪表图、卡片图和折线图）中都只显示筛选条件为"移动电源"的数据。

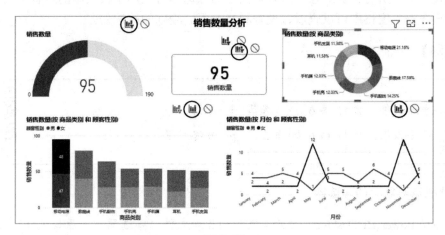

图 6-37

03 针对不同的图表选用不同的筛选方式。选中仪表图的【无】按钮 ，表示不对其交互。然后选中堆积柱形图的【筛选器】按钮 ，表示对其进行筛选显示。效果如图 6-38 所示。

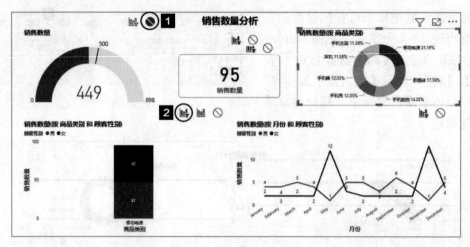

图 6-38

以上介绍的就是编辑交互，虽然交互的动态效果有助于进行动态数据分析与探索，但是要注意，每一个可视化对象只有在必要的时候才使用相互筛选，不必要的交互将导致数据混乱。

6.3.3 筛选器

【理论基础】

在报表筛选中，很多时候需要用到筛选器进行筛选。筛选器有 3 个级别，分别是此视觉对象上的筛选器、此页上的筛选器和所有页面上的筛选器。此视觉对象上的筛选器可应用于报表页上的一个视觉对象。如果选择了报表画布上的视觉对象，则会看到视觉对象级筛选器。即使无法编辑报表，用户也可以选择一个视觉对象并对其进行筛选。此页上的筛选器可应用于一个报表页上的所有视觉对象。所有页面上的筛选器可应用于报表中的所有页面。

在【筛选器】窗格中可以查看、设置和修改不同级别的筛选器。

【实战案例】

案例素材	原始文件：素材\第 6 章\筛选器——原始文件	
	最终效果：素材\第 6 章\筛选器——最终效果	微课视频

1. 此视觉对象上的筛选器

01 启动 Power BI Desktop，打开本案例的原始文件"筛选器——原始文件"，选中报表画布中的一个可视化图表，这里选择折线图，在【筛选器】窗格中即可看到 3 类筛选器，并且【此视觉对象上的筛选器】下会列出该视觉对象中的所有字段，如图 6-39 所示。

02 将鼠标指针移动到【顾客性别】筛选器卡上，单击【展开或折叠筛选器卡】按钮将其展开，如图 6-40 所示。

03 在展开的【顾客性别】筛选器卡上即可对该视觉对象进行筛选，勾选【女】复选框的效果如图 6-41 所示。

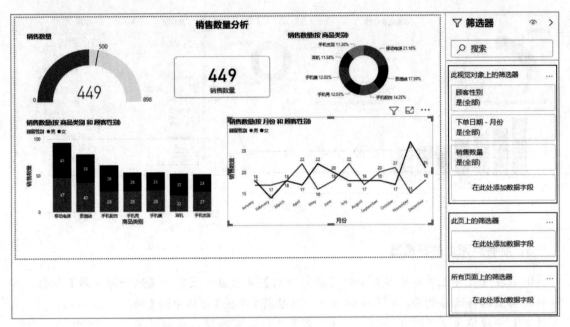

图 6-39

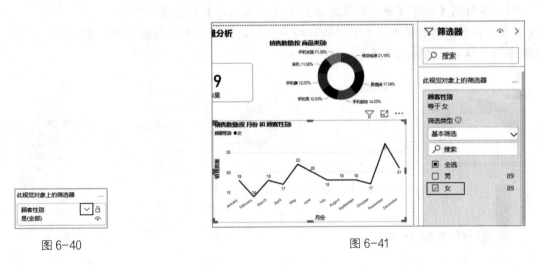

图 6-40   图 6-41

04 若要取消筛选，再次将鼠标指针移动到【顾客性别】筛选器卡上，单击【清除筛选器】按钮即可，如图 6-42 所示。

2．此页上的筛选器

图 6-42

01 当单击报表画布中的空白区域时，【筛选器】窗格中将只显示【此页上的筛选器】和【所有页面上的筛选器】筛选器卡，此时将【字段】窗格中的【顾客性别】字段拖曳至【此页上的筛选器】下，即可按顾客性别对此页进行筛选。

02 将【顾客性别】筛选器卡展开，然后勾选【女】复选框，报表页的筛选效果如图 6-43 所示。

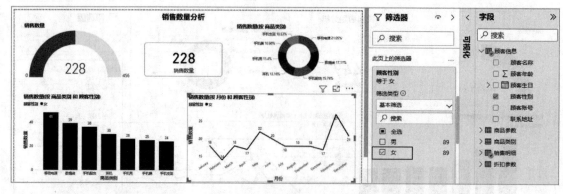

图 6-43

3. 所有页面上的筛选器

01 在【此页上的筛选器】中的【顾客性别】筛选器卡上单击【删除筛选器】按钮，即可将此页上的筛选器删除，如图 6-44 所示。然后将【字段】窗格中的【顾客性别】字段拖曳至【所有页面上的筛选器】下，即可按顾客性别对所有页面进行筛选。

图 6-44

02 当勾选【所有页面上的筛选器】中【顾客性别】筛选器卡中的【女】复选框时，所有报表页中的可视化对象将筛选出【女】的数据，图 6-45 所示为"销售金额分析"报表页的筛选效果。

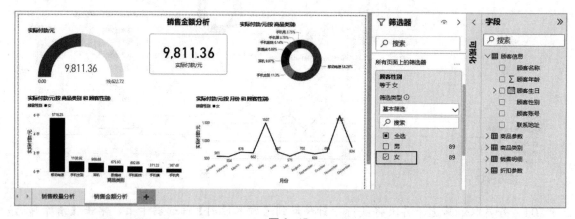

图 6-45

6.3.4 切片器

【理论基础】

切片器是报表画布内的可视化对象，用于创建页面级的筛选器。切片器作为报表的一部分，可以帮助用户快速分析数据。切片器的创建方法与其他可视化对象的创建方法一样，从【可视化】窗格中选择【切片器】按钮，然后从【字段】窗格中选择筛选字段即可。切片器可设置为下拉菜单或者列表，方向可设置为横向或纵向，并接受单选、多选或全选。下面介绍一下切片器的创建与设置方法。

【实战案例】

案例 素材	原始文件：素材\第 6 章\切片器——原始文件	
	最终效果：素材\第 6 章\切片器——最终效果	微课视频

01 启动 Power BI Desktop，打开本案例的原始文件"切片器——原始文件"，在【可视化】窗格中单击【切片器】按钮，然后在【字段】窗格中的"商品类别"表中勾选【商品类别】字段，即可创建以商品类别为筛选字段的切片器，如图 6-46 所示。

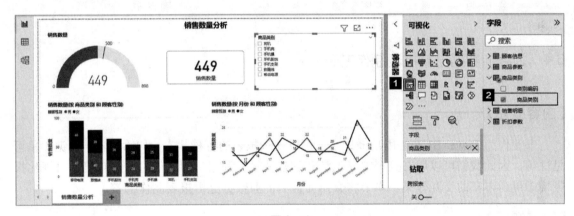

图 6-46

02 设置切片器的显示方式和项目排序。单击切片器右上角的下拉按钮，从下拉列表中即可选择【列表】或【下拉】方式，默认为【列表】方式，如图 6-47 所示。单击切片器右上角的【更多选项】按钮，从下拉列表中选择【排列轴】选项，从其级联菜单中即可选择排序方式，默认以升序排列，此处单击【以降序排序】，如图 6-48 所示。

图 6-47

图 6-48

161

03　设置切片器格式。单击【可视化】窗格中的【格式】按钮，在【常规】组中将【方向】设置为【水平】，如图 6-49 所示。在【选择控件】组中可以设置单选、多选或全选，如图 6-50 所示，默认情况下单击选项按钮只能选中一项，按住【Ctrl】键可同时选中多个选项，将【显示"全选"选项】设置为【开】时，切片器的选项前会显示【全选】选项，用于选中全部选项，如图 6-51 所示。

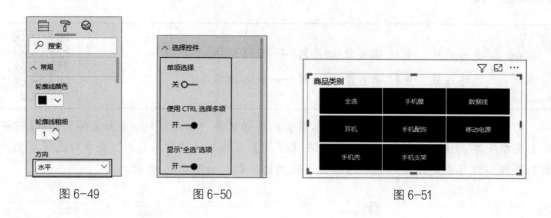

图 6-49　　　　　　图 6-50　　　　　　　　图 6-51

6.4　为商业数据分析报表制作书签

【内容概述】

书签作为 Power BI 的常用功能之一，可以记录报表的各种状态，如筛选器、视觉对象可见性等，因此我们可以用书签来共享见解和创建情景。利用书签我们可以给自己的可视化报告增添更为丰富的交互效果。本节将介绍如何为商业数据分析报表制作书签。

【重点知识】

一、书签的概念　　　　　　　四、形象化的形状和图片关联书签
二、添加书签　　　　　　　　五、聚焦模式和焦点模式
三、书签放映　　　　　　　　六、视觉对象可见性

6.4.1　什么是书签

书签在生活中经常出现，在阅读纸质书的时候，可能会被夹在书中，用来记录阅读进度。随着网络技术的发展，电子书签等出现，用于记录阅读进度和阅读心得。

Power BI 的书签与我们通常所理解的书签含义相同，它是一个具有记忆功能的组件，主要作用是记住当前报表页面的一些状态，如当前选中的查询条件、排序，或已经设置显示、隐藏的图表等信息。通过创建书签可以生成类似于 PPT 的演示文稿，用户可以逐一展示书签，通过报表来诠释情景。当书签被触发时，页面就会恢复到设置书签时的状态。设置好的书签会显示在【书签】窗格中，如图 6-52 所示。

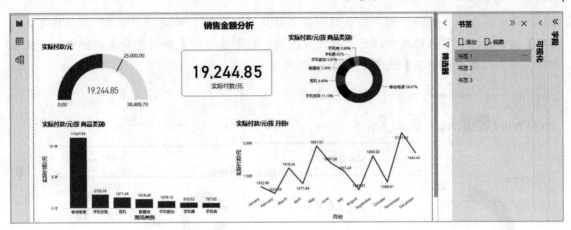

图 6-52

6.4.2 添加书签

【理论基础】

用户在【视图】选项卡下单击【书签】按钮，打开【书签】窗格，在【书签】窗格中即可添加并编辑书签，书签可以随意添加、删除和重命名，下面介绍一下具体的操作方法。

【实战案例】

案例素材	原始文件：素材\第 6 章\添加书签——原始文件	
	最终效果：素材\第 6 章\添加书签——最终效果	

微课视频

01 启动 Power BI Desktop，打开本案例的原始文件"添加书签——原始文件"，切换到【视图】选项卡，单击【显示窗格】组中的【书签】按钮，即可打开【书签】窗格，如图 6-53 所示。

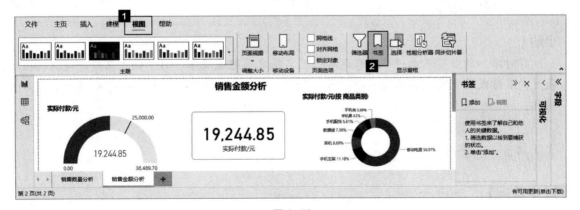

图 6-53

02 在报表页的底部导航栏中选中"销售金额分析"，然后在【书签】窗格中单击【添加】

按钮，即可添加一个新的书签，默认的书签名称为"书签 1"，单击"书签 1"右侧的【更多选项】按钮，从下拉列表中即可选择相应选项，对书签进行更新、重命名、删除和分组等操作，这里选择【重命名】选项，如图 6-54 所示。

图 6-54

03 将"书签 1"重命名为"销售金额分析"，如图 6-55 所示。

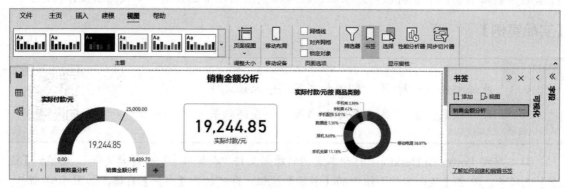

图 6-55

小贴士

有时添加的书签不止一个，默认的书签名很容易造成混淆，为了便于区分，建议以报表页的名称或具体实现的功能来给书签重命名。直接在书签名称上双击也可以进行重命名操作。

6.4.3 书签放映

【理论基础】

在书签放映模式下，用户可以通过类似放映幻灯片的形式来放映页面。放映的顺序就是【书签】窗格中各书签的顺序。下面介绍一下书签放映的具体方法。

【实战案例】

案例素材	原始文件：素材\第 6 章\书签放映——原始文件 最终效果：素材\第 6 章\书签放映——最终效果	 微课视频

　　01　启动 Power BI Desktop，打开本案例的原始文件"书签放映——原始文件"，切换到【视图】选项卡，单击【显示窗格】组中的【书签】按钮，打开【书签】窗格，然后单击【书签】窗格中的【视图】按钮，进入书签放映模式，如图 6-56 所示。

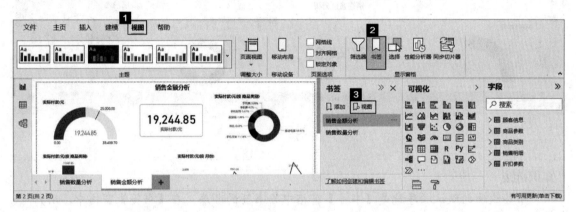

图 6-56

　　02　进入书签放映模式后，直接单击书签名称即可进行放映。在放映时，书签名称会显示在画布底部的书签标题栏中，书签标题栏中的箭头可用于在上下书签之间进行切换，如图 6-57 所示。

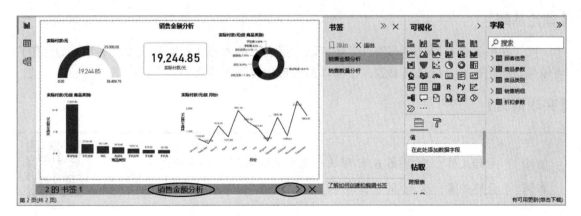

图 6-57

　　03　隐藏窗格，为报表画布提供更多空间。单击【书签】窗格中的【显示/隐藏窗格】按钮，可以隐藏编辑窗格。同理，【可视化】窗格与【字段】窗格也可进行隐藏，如图 6-58 所示。

图 6-58

04 放映结束后，单击书签标题栏中的【关闭】按钮或【书签】窗格中的【退出】按钮，即可退出放映模式，如图 6-59 所示。

图 6-59

知识链接

书签放映的默认顺序就是【书签】窗格中各书签的顺序。在【书签】窗格中，用户可以拖动书签来改变书签的位置。例如，在本案例中选中"销售金额分析"书签名，按住鼠标左键将其拖曳至"销售数量分析"下方，即可调整顺序。

6.4.4 形象化的形状和图片关联书签

【理论基础】

除了在书签窗格中创建书签外，还可以在报表中插入形状和图片来关联书签，如此用户可以像访问超链接一样访问书签。下面以插入形状关联书签为例，介绍一下具体操作方法。

【实战案例】

案例 素材	原始文件：素材\第 6 章\形状和图片关联书签——原始文件	
	最终效果：素材\第 6 章\形状和图片关联书签——最终效果	 微课视频

01 启动 Power BI Desktop，打开本案例的原始文件"形状和图片关联书签——原始文件"，切换到【插入】选项卡，单击【元素】组中的【形状】按钮，插入【药丸】形状，调整大小并移至画布右上角，如图 6-60 所示。

图 6-60

02　设置形状格式。打开【设置形状格式】窗格，在【填充】组中将【透明度】设置为"10%"，如图 6-61 所示。将【边框】设置为【关】，将【文本】设置为【开】，在【文本】文本框中输入内容"数量分析"，将【文本大小】设置为"16 磅"，如图 6-62 所示。将【形状发光】设置为【开】，其他项目保持默认设置，如图 6-63 所示。将【操作】设置为【开】，【类型】选择【书签】，在【书签】下拉列表框中选择【销售数量分析】，如图 6-64 所示。

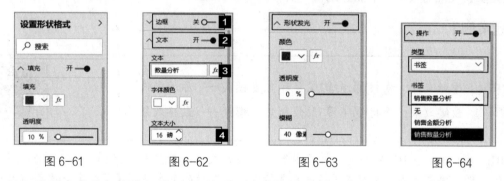

图 6-61　　　　　　图 6-62　　　　　　图 6-63　　　　　　图 6-64

03　设置完成后，效果如图 6-65 所示。按住【Ctrl】键，单击该形状，将自动链接到"销售数量分析"报表。

图 6-65

04　复制形状。选中"销售金额分析"报表中创建的形状，按【Ctrl】+【C】组合键复制，然后切换到"销售数量分析"报表，按【Ctrl】+【V】组合键粘贴。在【设置形状格式】窗格中，将【文本】内容修改为"金额分析"，在【操作】组中的【书签】下拉列表框中选择【销售金额分析】，这样该形状就可以自动链接到"销售金额分析"报表了，如图 6-66 所示。

图 6-66

6.4.5 聚焦模式和焦点模式

【理论基础】

使用聚焦模式，可以吸引用户注意特定图表，让页面上的其他视觉对象淡化到接近透明，从而按原始尺寸突出显示一个视觉对象。使用焦点模式可以让一个视觉对象占满整个画布，起到类似放大镜的效果。下面介绍一下具体的操作方法。

【实战案例】

案例 素材	原始文件：素材\第 6 章\聚焦和焦点模式——原始文件	
	最终效果：素材\第 6 章\聚焦和焦点模式——最终效果	微课视频

01　启动 Power BI Desktop，打开本案例的原始文件"聚焦和焦点模式——原始文件"，选中仪表图，单击其右上角的【更多选项】按钮，从下拉列表中选择【聚焦】选项，如图 6-67 所示。操作完成后，即可聚焦到仪表图上，其他可视化对象被弱化，效果如图 6-68 所示。

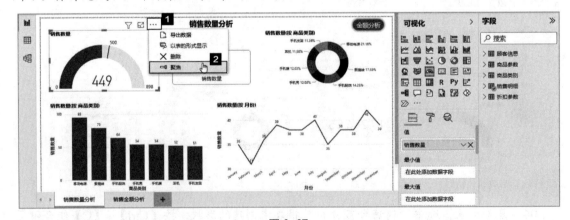

图 6-67

02　选中柱形图，单击右上角的【焦点模式】按钮，如图 6-69 所示。柱形图即被放大至占满整个画布，效果如图 6-70 所示。

图 6-68

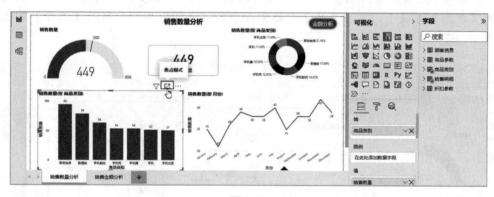

图 6-69

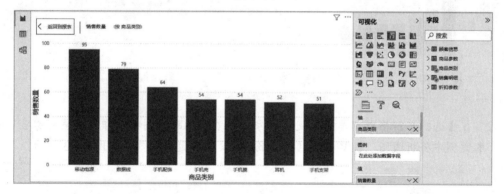

图 6-70

小贴士

聚焦模式与焦点模式通常与书签一起配合使用，如果在添加书签时选择了聚焦模式或焦点模式，书签中会一直保留此模式。

6.4.6　视觉对象可见性

【理论基础】

报表中的视觉对象可以显示或隐藏，被隐藏的视觉对象区域为空白。在添加书签时，每个对象的可见状态会随之保存。用户在添加书签时，可以选择是否隐藏一些视觉对象。下面介绍一下具体的操作方法。

【实战案例】

案例素材	原始文件：素材\第 6 章\视觉对象可见性——原始文件	
	最终效果：素材\第 6 章\视觉对象可见性——最终效果	微课视频

01　启动 Power BI Desktop，打开本案例的原始文件"视觉对象可见性——原始文件"，切换到【视图】选项卡，单击【显示窗格】组中的【选择】按钮，打开【选择】窗格，如图 6-71 所示。

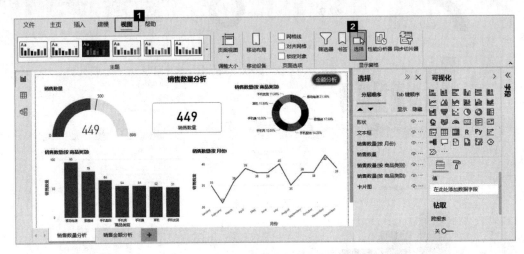

图 6-71

02　在【选择】窗格中，单击可视化对象名称右侧的眼睛图标，即可设置对象当前是否可见。本案例中将折线图"销售数量（按月份）"设置为隐藏，效果如图 6-72 所示。

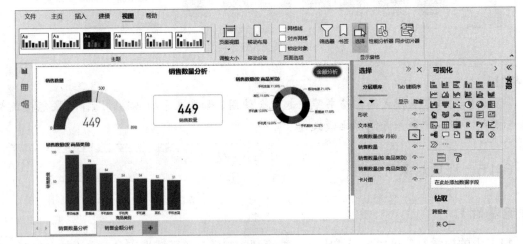

图 6-72

6.5　商业数据分析报表发布

【理论基础】

报表制作完成后，需要发布到 Power BI 在线服务中，以分享给相关业务人员或组织内部的其他同事。下面介绍一下将 Power BI Desktop 中的报表发布到 Power BI 在线服务中的具体操作方法。

【实战案例】

案例素材	原始文件：素材\第 6 章\报表发布——原始文件	
	最终效果：素材\第 6 章\报表发布——最终效果	
		微课视频

01　启动 Power BI Desktop，打开本案例的原始文件"报表发布——原始文件"，切换到【主页】选项卡，单击【共享】组中的【发布】按钮，如图 6-73 所示。

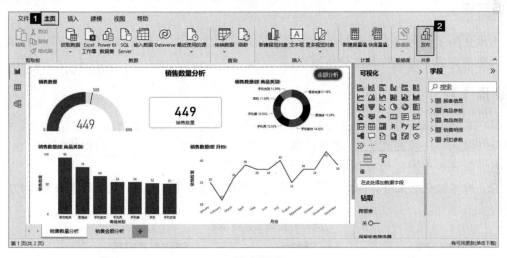

图 6-73

02　假设你已经拥有了 Power BI 账号，并且登录了 Power BI Desktop（如果没有登录账号，此时会弹出登录界面，需要先进行登录），单击后会出现【发布到 Power BI】对话框，如图 6-74 所示。选择【我的工作区】，单击【选择】按钮即可。

03　选择后出现发布过程，如图 6-75 所示。发布成功后出现完成提示，如图 6-76 所示。单击报表超链接，即可跳转到 Power BI 在线服务报表。

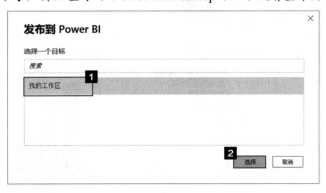

图 6-74

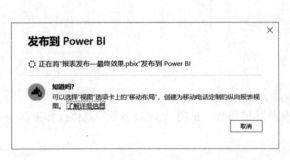

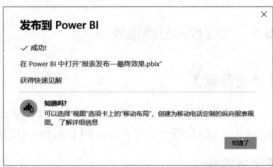

图 6-75 · · · · · · · · · · · 图 6-76

章节实训

实训 完成一份销售数据分析报表

【实训目标】

本章介绍了如何整合商业数据分析报表的内容，为帮助大家巩固知识，提高实操能力，本实训要求完成一份销售数据分析报表。

【实训操作】

01 启动 Power BI Desktop，打开本实训的原始文件"实训素材\第6章 实训\商品销售数据分析报表——原始文件"，根据提供的销售数据，在报表画布中分别创建饼图、仪表图、圆环图、簇状条形图、堆积柱形图和堆积面积图。

02 对可视化对象进行调整与美化，插入文本框为报表添加标题，报表效果如图 6-77 所示。

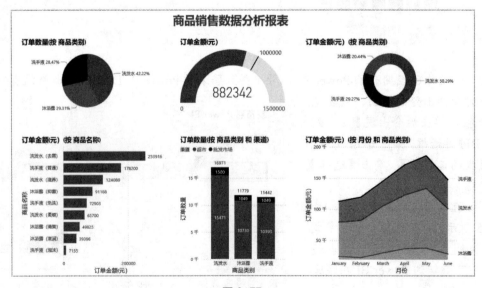

图 6-77

思考与练习

一、不定项选择题

1. 常见的商业数据分析报表类型有（　　）。

A. 综合分析报表　　　　　　　　　　　B. 专题分析报表

C. 日常数据通报报表　　　　　　　　　D. 以上都是

2. 以下说法正确的有（　　）。

A. 对报表页进行隐藏后，其他人打开 Power BI 文件将看不到该报表页的内容

B. 当系统自带的主题不满足需求时，用户可以从 Power BI 官网下载喜欢的主题

C. 移动布局功能可实现在桌面视图和手机视图之间的切换

D. 筛选器有 3 个级别，分别是此视觉对象上的筛选器、此页上的筛选器和所有页面上的筛选器

3. 在 Power BI 报表中可以添加的对象有（　　）。

A. 图表　　　　　　B. 文本框　　　　　　C. 形状　　　　　　D. 图像

二、判断题

1. 使用 Power BI 创建报表的最大特点之一是：报表中的所有视觉对象都是动态的，可以进行交互。（　　）

2. 书签放映的默认顺序就是【书签】窗格中各书签的添加顺序，不能更改。（　　）

3. 切片器可设置为下拉菜单或者列表，方向可设置为横向或纵向，并接受单选、多选或全选。（　　）

三、简答题

1. 简述一个好的标题至少要做到哪几点。

2. 简述制作数据分析报表要遵循的原则。

3. 简述筛选器的类型及各自的特点。

四、实操题

1. 启动 Power BI Desktop，打开文件"习题素材与答案\第 6 章 习题素材与答案\添加切片器——原始文件"，为报表添加切片器，按员工姓名对报表进行筛选，要求切片器包含全选按钮并进行适当的美化。

2. 启动 Power BI Desktop，打开文件"习题素材与答案\第 6 章 习题素材与答案\添加书签——原始文件"，为报表添加书签，首先使用切片器筛选出报表中员工"赵伊萍"的数据，然后将报表中的堆积柱形图设置为聚焦模式，在此状态下添加书签并将书签重命名为"赵伊萍堆积柱形图"。

第 **7** 章 Power BI 在线服务

Power BI 在线服务也就是 Power BI 的网页版，用户只要有 Power BI 账号就可以进行在线报表的创建，既可以将报表分享给他人，也可以使用手机终端和平板电脑等对报表内容进行浏览。

在 Power BI 在线服务中，用户可以创建报表和仪表板，并将其与其他用户进行分享。本章将从认识 Power BI 在线服务开始，在对 Power BI 在线服务了解的基础上，对仪表板、工作区、在线分享与协作等内容进行具体介绍。

学习目标

1. 认识 Power BI 在线服务
2. 认识仪表板
3. 掌握仪表板的创建方法
4. 了解分享与协作
5. 认识工作区
6. 掌握仪表板的分享方法

7.1 认识 Power BI 在线服务

【内容概述】

Power BI 在线服务虽然是 Power BI 的网页版，但是其功能和界面与 Power BI Desktop 还是有区别的，为了更好地学习其主要功能，我们需要先对 Power BI 在线服务有所了解，下面先来认识一下 Power BI 在线服务。

【重点知识】

一、在线服务的概念
二、在线服务的主界面

7.1.1 什么是在线服务

在数据的世界里，业务决策基于事实，而不是观点。如果你需要数据来做出某些决策，你的同事通常不会让你失望。他们会向你发来各种类型的报表、电子表格、包含图表的电子邮件，甚至打印的讲义。当数据堆积如山时，你就难以快速找到所需的信息，并且担心可能不会用到最新的信息。

这时借助 Power BI，你的工作会更轻松，也更有效。它能将所有数据都转化为图表和图

174

形，以便更直观地展示你的数据信息。数据见解并不是数字和文字的长列表或多个表，而是美观、多彩且醒目的视觉对象（图表）。通过这些视觉对象，你可以了解数据中的重要信息。

　　在浏览器或移动设备上，打开 Power BI 在线服务。你和你的同事即可通过同一被信任的应用、仪表板和报表进行工作，它们可以自动更新和刷新，因此使用的内容始终都是最新的。由于这不是静态内容，因此你可以进行深入挖掘、寻求趋势、见解和其他商业智能，也可以切分内容并对内容进行切片，甚至使用自己的话语向其提问，或者不采取任何操作，让数据"发现"你感兴趣的见解、在数据更改时向你发送信息并按所设置的计划向你发送电子邮件。

　　Power BI 在线服务可以实现用户无论何时、何地，无论使用何种数据类型、何种平台，都可以轻松管理、维护和探索数据。

7.1.2　在线服务主界面

　　假设你已经拥有了一个 Power BI 在线服务账号（第 1 章已经介绍了申请 Power BI 在线服务账户的方法），并且使用一些数据制作了报表并进行了发布。登录到 Power BI 在线服务，就可以看到图 7-1 所示的界面，这是登录到 Power BI 在线服务时的默认界面（主页）。由于 Power BI 的更新很快，你所看到的界面可能与图 7-1 所示的有所不同。

图 7-1

　　在界面左侧的导航栏中可以看到【工作区】，【工作区】中会默认创建一个【我的工作区】，单击其右侧的扩展按钮　，可以看到工作区中包含的 4 类内容：仪表板、报表、工作簿和数据集。单击【我的工作区】，即可在界面右侧看到【我的工作区】中存储和创建的全部内容，它不只是一个简单的内容列表，在该区域你可详细了解工作区中的内容，对其进行分享、收藏和删除等多项操作，如图 7-2 所示。

　　Power BI 在线服务中的报表有两种视图：阅读视图和编辑视图。阅读视图是你浏览他人创建的报表并与之交互的方式。在图 7-2 所示的工作区列表中选择报表名称即可将其打开，如图 7-3 所示。该界面为阅读视图。

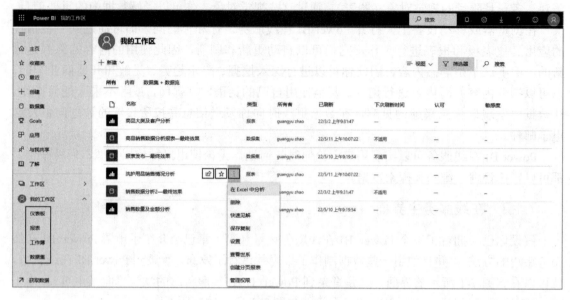

图 7-2

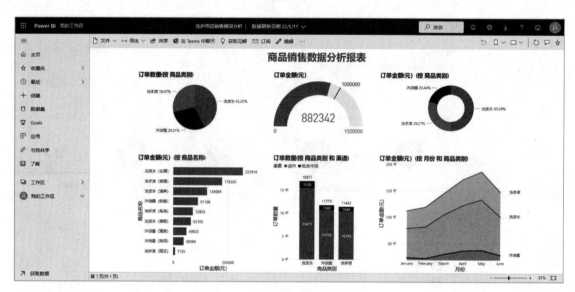

图 7-3

在阅读视图中，如果对仪表板、报表或应用有任何疑问，可以查找所有者的相关信息。将鼠标指针移至界面上方标题处并单击，即可查找此报表的详细信息，如图 7-4 所示。此外，在阅读视图中可以执行的操作显示在顶部菜单栏中，单击【更多选项】按钮█可以查看完整列表，如图 7-5 所示。

编辑视图由报表设计者使用，他们创建报表，并与你共享报表。编辑视图的功能与 Power BI Desktop 的功能类似，主界面也基本相同。单击图 7-5 中菜单栏中的【编辑】按钮，即可进入编辑视图，如图 7-6 所示。在编辑视图中可完成对可视化对象及报表的创建与编辑操作。

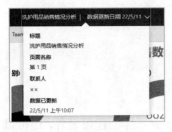

图 7-4

图 7-5

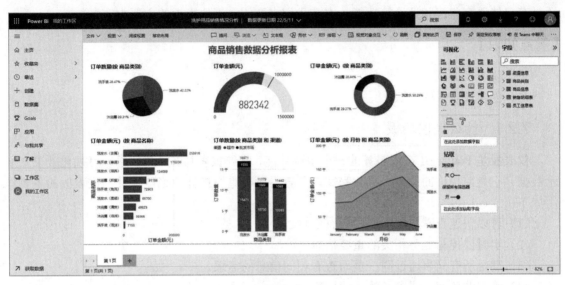

图 7-6

在编辑视图下，单击菜单栏中的【文件】按钮，在下拉列表中即可对文件进行保存、打印、发布到 Web、导出等操作，如图 7-7 所示。单击【视图】按钮，在下拉列表中即可进行页面调整等操作，如图 7-8 所示。编辑完成后，如果要返回阅读视图，单击菜单栏中的【阅读视图】按钮即可。

图 7-7

图 7-8

7.2 仪表板

【内容概述】

在 Power BI 在线服务中，用户除了可以像在 Power BI Desktop 中一样创建报表外，还可以创建仪表板。报表只有浏览数据的功能，而仪表板除了有添加磁贴、浏览数据的功能之外，还具有自然语言问答和评论等功能。本节我们来介绍一下仪表板的主要内容。

【重点知识】

一、仪表板的概念
二、创建仪表板的方法

7.2.1 什么是仪表板

仪表板是 Power BI 在线服务的一个主要功能，它像报表画布一样，通过可视化效果来展示数据。它是监控你的业务、寻找答案以及查看所有重要指标的绝佳工具。仪表板的主要作用如下。

（1）可以快速查看决策需要的所有信息。

（2）实时监控与业务相关的重要信息。

（3）满足所有同事通过同一页面查看相同信息的需求。

（4）监视业务部门或市场的运营情况。

因为被限制为一页，所以精心设计的仪表板中应仅包含业务信息中重要的元素。仪表板上的可视化效果来自报表，并且每个报表均基于一个数据集。事实上，创建仪表板的一种方法就是进入基础报表和数据集。一个仪表板可以显示存放来自多个报表的可视化效果，便于用户浏览报表中重要的数据。因此，仪表板可以说是多个可视化对象的组合。可视化对象如下。

（1）不同数据集的可视化对象。

（2）不同报表的可视化对象。

（3）其他工具（如 Excel）中固定的可视化对象。

在仪表板上显示的可视化效果被称为"磁贴"，由报表设计者固定在仪表板上。在大多数情况下，选择仪表板上的磁贴后，即可跳转到创建磁贴的报表页。仪表板不只是一张漂亮的图片，它具有高度交互性，且其磁贴会随着基础数据的更改而更新。

图 7-9 所示为创建好的一个仪表板。仪表板界面中的主要功能区如下。

（1）导航栏：可以切换到其他仪表板、报表、工作簿和数据集等。

（2）菜单栏：有共享、注释、订阅、编辑等多个功能。

（3）问答：可以实现自然语言和数据的交互。

（4）仪表板区：仪表板的展示区，显示各种可视化对象（磁贴）。用户可任意拖动磁贴进行排列，单击磁贴可以跳转到相应报表页。

图 7-9

很多人会将报表与仪表板混淆,因为它们都是填充可视化效果的画布。但是二者也存在一些主要区别,表 7-1 将二者的功能进行了对比。

表 7-1　　　　　　　　　　　　　　　　仪表板和报表的区别

功能	仪表板	报表
页面数	一个页面	一个或多个页面
数据源	每个仪表板的一个或多个报表和一个或多个数据集	每个报表的单个数据集
是否可用于 Power BI Desktop	不可以	可在 Power BI Desktop 中生成和查看报表
是否可筛选或切片	无法筛选或切片	可以通过不同的方式来筛选、突出显示和切片
是否可以看到基础数据集表和字段	可以看到数据但看不到仪表板本身的表和字段	可以
是否可以精选	可将仪表板设置为精选	无法创建精选报表
是否可以自然语言问答	几乎总是	需要报表创建者自行添加
是否可设置报警功能	当满足某些条件时,可以创建警报以向用户发送电子邮件	不可以
是否可以更改可视化效果类型	不可以	可以
是否可以创建可视化效果	不可以,只能向仪表板中添加磁贴	可以查看数据集表、字段以及值

7.2.2　创建仪表板

【理论基础】

用户将数据以报表的形式发布到 Power BI 在线服务后，可以创建仪表板，将报表中的可视化对象以磁贴的形式固定到仪表板中，并且在仪表板中使用自然语言问答与评论，对仪表板的数据进行分析与评估。下面介绍一下具体的操作方法。

【实战案例】

1．新建仪表板

案例 素材	原始文件：素材\第 7 章\洗护用品销售分析报表——原始文件	
	最终效果：无	微课视频

01　启动 Power BI Desktop，打开本案例的原始文件"洗护用品销售分析报表——原始文件"，将其发布到 Power BI 在线服务中。在导航栏的【我的工作区】中的【报表】组中即可看到发布的报表，将鼠标指针移至报表名称上，单击【打开菜单】按钮░，从下拉列表中选择【重命名】选项，将报表重命名为"洗护用品销售情况分析"，如图 7-10 所示。

02　在导航栏中单击【我的工作区】，进入【我的工作区】窗口，单击左上角的【新建】按钮，从下拉列表中选择【仪表板】选项，如图 7-11 所示。

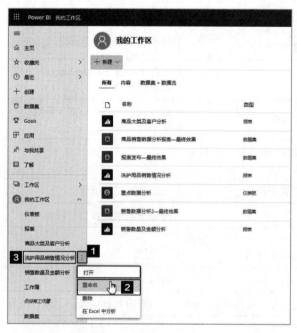

图 7-10

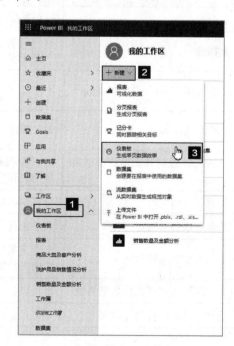

图 7-11

03 弹出【创建仪表板】对话框，在【仪表板名称】文本框中输入"洗护用品仪表板"，单击【创建】按钮，如图 7-12 所示。创建的空白仪表板界面如图 7-13 所示。

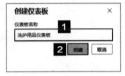

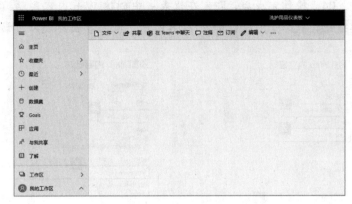

图 7-12   图 7-13

2. 创建磁贴

创建磁贴的方法有多种，这里我们主要介绍常用的 3 种方法：使用仪表板工具栏中的菜单按钮；将报表中的视觉对象固定为磁贴；将整个报表固定为磁贴。具体操作方法如下。

微课视频

（1）使用仪表板工具栏中的菜单按钮

01 单击仪表板菜单栏中的【编辑】按钮，从下拉列表中选择【添加磁贴】选项，如图 7-14 所示。

02 弹出【添加磁贴】窗格，选择【Web 内容】选项，单击【下一步】按钮，如图 7-15 所示。

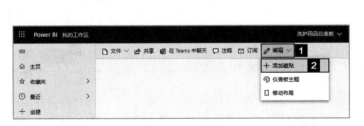

图 7-14   图 7-15

03 弹出【添加 Web 内容磁贴】窗格，勾选【显示标题和副标题】复选框，在【标题】文本框中输入"人邮教育"，在【嵌入代码】文本框中输入 HTML 代码 "<h3>人民邮电出版社教育中心</h3>"，如图 7-16 所示。然后勾选【设置自定义链接】复选框，在【URL】文本框中输入 "https:// www.ryjiaoyu.com"，单击【应用】按钮，如图 7-17 所示。

04 操作完成后，即可在仪表板中创建 Web 内容磁贴。将鼠标指针移至磁贴标题栏，鼠标指针变成小手形状，如图 7-18 所示。此时单击标题即可访问 URL。

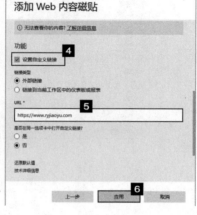

| 图 7-16 | 图 7-17 | 图 7-18 |

在 Web 内容的各个选项中，标题显示在磁贴标题栏中作为磁贴名称，字幕显示为磁贴的副标题（本例中省略），嵌入代码的内容可以是有效的 HTML 代码，将作为磁贴的显示内容。本例中设置了自定义链接 URL，所以单击其标题栏即可访问 URL。

（2）将报表中的视觉对象固定为磁贴

01 在【我的工作区】中选中 "洗护用品销售情况分析" 报表，然后将鼠标指针移至某个可视化对象上，在可视化对象的右上角单击【固定视觉对象】按钮，如图 7-19 所示。

02 弹出【固定到仪表板】对话框，默认选中【现有仪表板】单选按钮，在【选择现有仪表板】的下拉列表框中选择 "洗护用品仪表板"，单击【固定】按钮，如图 7-20 所示。

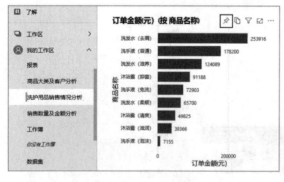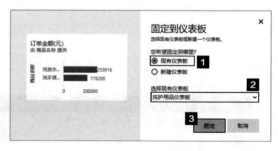

| 图 7-19 | 图 7-20 |

03 返回 "洗护用品仪表板"，即可看到固定的单个视觉对象磁贴，效果如图 7-21 所示。

（3）将整个报表固定为磁贴

除了将单个视觉对象固定为磁贴外，用户还可以将整个报表页固定为磁贴，具体操作方法如下。

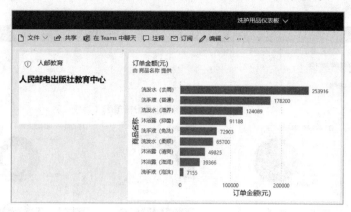

图 7-21

01　在【我的工作区】中选中"洗护用品销售情况分析"报表，切换到报表阅读视图，单击菜单栏右侧的【更多选项】按钮，从下拉列表中选择【固定到仪表板】选项，如图 7-22 所示。

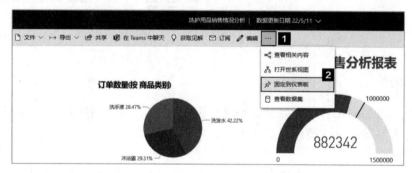

图 7-22

02　弹出【固定到仪表板】对话框，选中【新建仪表板】单选按钮，在【仪表板名称】文本框中输入"销售数据分析仪表板"，单击【固定活动页】按钮，如图 7-23 所示。

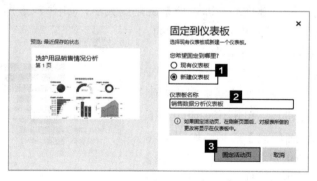

图 7-23

03　操作完成后，打开"销售数据分析仪表板"，可以看到整个报表页固定到仪表板中的效果，如图 7-24 所示。

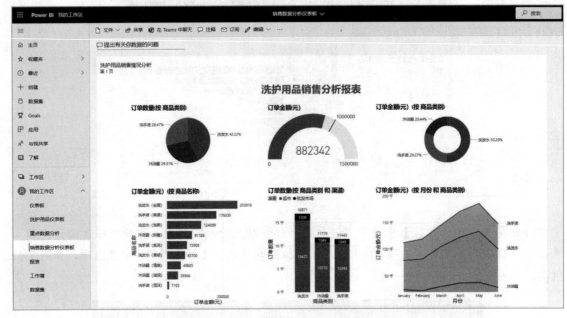

图 7-24

3．编辑磁贴

在仪表板中添加磁贴后，可以对磁贴进行简单的编辑：移动磁贴、重设磁贴大小、重命名磁贴、删除磁贴等。具体操作方法如下。

（1）移动磁贴

将鼠标指针移至磁贴的标题栏处，按住鼠标左键拖曳，即可将磁贴移至仪表板的其他位置。

（2）重设磁贴大小

仪表板会自动设置新建磁贴的大小。将鼠标指针移至磁贴的右下角，当鼠标指针变为双向箭头形状时，按住鼠标左键拖动，即可调整磁贴的大小，如图 7-25 所示。

磁贴的大小虽然可以调整，但也是有限制的，只能在 1×1 到 5×5 的磁贴范围内调整。

（3）重命名磁贴

将鼠标指针移至磁贴上，在磁贴标题栏右侧会出现【更多选项】按钮，单击该按钮，从下拉列表中选择【编辑详细信息】选项，如图 7-26 所示。打开【磁贴详细信息】窗格，在【标题】文本框中修改标题为"商品销售额（元）"并将其作为新的磁贴名，然后单击【应用】按钮即可，如图 7-27 所示。

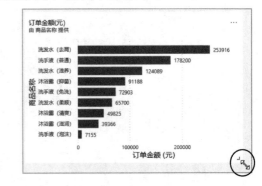

图 7-25

（4）删除磁贴

单击磁贴右上角的【更多选项】按钮，从下拉列表中选择【删除磁贴】选项，即可删除磁贴。删除磁贴不会删除其原始可视化效果，用户打开报表仍然可以看到。

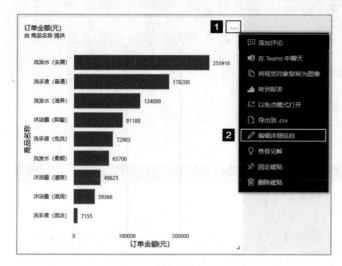

图 7-26

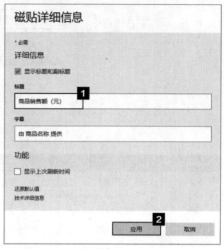

图 7-27

4．使用自然语言问答

"问答"是通过自然语言进行提问的，是从你的数据中获得答案的最快方法。例如，你有如下问题。

- 今年的销售总额是多少？
- 每种产品的销售排名情况如何？
- 今年业务员××的销售额是多少？
- 用××图来展示的效果是什么样的？

你都可以使用"问答"来获取你想要的答案。

用户在 Power BI 在线服务的仪表板中可以使用"问答"功能。"问答"可以利用直观、自然的语言功能，浏览数据并接收图表和图形形式的答案，以交互式可视化效果显示出来，并会在你修改问题时进行更新。但"问答"与搜索引擎不同，"问答"仅提供有关 Power BI 中的数据的结果。

"问答"会根据要显示的数据选取最佳的图表。有时，用户可将基础数据集中的数据定义为特定类型或类别，以帮助"问答"确定如何显示数据。例如，如果数据被定义为日期类型，则该数据很有可能显示为折线图。如果将数据分类为城市，则很有可能显示为地图。用户还可以将视觉对象添加到问题中，指示"问答"要使用哪个视觉对象。但请注意，"问答"并非总能使用你请求的视觉对象类型显示数据。"问答"会提示你提供可显示的视觉对象类型列表。

下面介绍一下具体的操作方法。

01　在 Power BI 在线服务中打开"洗护用品仪表板"，在仪表板画布的左上角可以看到"提出有关你的数据的问题"的问答链接，如图 7-28 所示。

02　单击问答链接，即可进入"问答"界面。在开始输入前，"问答"会显示新的内容，其中有帮助你提问的一些建议，如图 7-29 所示。

微课视频

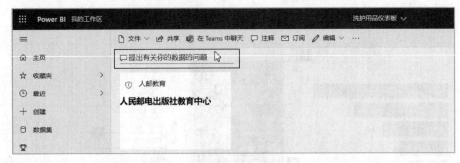

图 7-28

图 7-29

03 可以选择建议中的问题之一作为起点并继续优化问题，以找到特定的答案。这里选择【total 订单数量 over time】，之后"问答"会挑选最佳的可视化效果来显示答案，如图 7-30 所示。

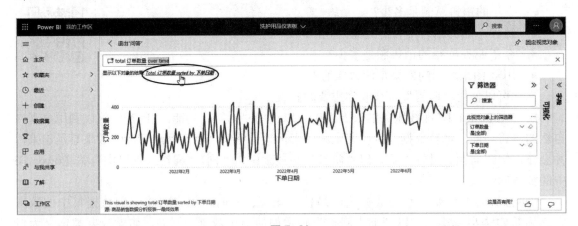

图 7-30

04 单击图 7-30 中可视化对象左上角的【Total 订单数量 sorted by 下单日期】链接，将其填入"问答"文本框，然后单击【下单日期】，从下拉列表中选择【Total 订单数量 sorted by 下单日期 月份】选项。对问题进行修改后，可视化效果也会在你修改问题时更改，如图 7-31 所示。

05 当结果令人满意后，可以将结果固定在仪表板中。单击"问答"界面右上角的【固定视觉对象】按钮，如图 7-32 所示。

06 弹出【固定到仪表板】对话框，选中【现有仪表板】单选按钮，在【选择现有仪表板】下拉列表框中选择【洗护用品仪表板】选项，单击【固定】按钮，如图 7-33 所示。

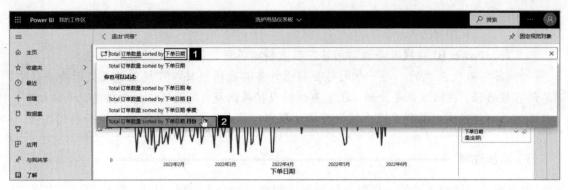

图 7-31

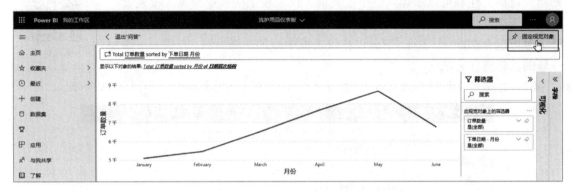

图 7-32

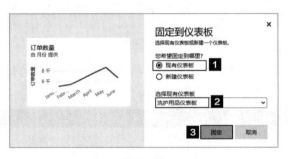

图 7-33

07 打开"洗护用品仪表板",在画布中即可显示通过"问答"创建的磁贴,调整好大小和位置后的效果如图 7-34 所示。

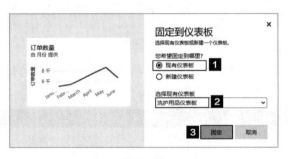

图 7-34

5. 添加注释

用户通过"注释"功能，可以对仪表板或报表添加个人注释，与同事开始相关对话。注释可以添加到整个仪表板、仪表板上的视觉对象、报表页、分页报表以及报表页上的视觉对象中。添加注释还可以针对特定的同事。注释最多可包含 2000 个字符。下面以在仪表板中添加注释为例，介绍一下添加注释的具体操作方法。

微课视频

01 打开"洗护用品仪表板"，在菜单栏中单击【注释】按钮，如图 7-35 所示。

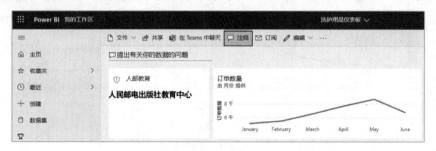

图 7-35

02 弹出【评论】窗格，在评论文本框中输入内容"各月份的销售趋势及各商品的销售额排名"，单击【发布】按钮，如图 7-36 所示。

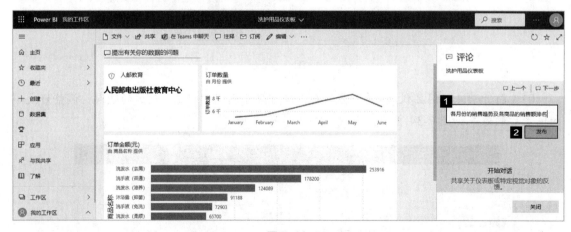

图 7-36

03 仪表板的创建者已经添加了常规注释，有权访问此仪表板的任何人员都可以看到此注释，如图 7-37 所示。

04 注释的下方有【回复】按钮，如图 7-37 所示，如果需要回复，单击此按钮即可。然后在回复框中输入内容"收到，谢谢!"，单击【发布】按钮，如图 7-38 所示。默认情况下，Power BI 会将答复定向到启动注释的同事，如图 7-39 所示。

图 7-37　　　　　　　　图 7-38　　　　　　　　图 7-39

05　评论完成后，单击【评论】窗格右下角的【关闭】按钮将其关闭即可，如图 7-39 所示。

小贴士

注意，仪表板只有在 Power BI 在线服务中才能创建，在 Power BI Desktop 和移动版上无法创建。但用户可以在移动版上查看和共享仪表板。

7.3　分享与协作

【内容概述】

当团队协同工作时，他们需要访问相同的文档，以便轻松协作。在 Power BI 工作区中，团队能够共享其仪表板、报表、数据集和工作簿的所有权及管理权。本节将具体介绍一下工作区及仪表板的分享操作。

【重点知识】

一、工作区介绍
二、分享仪表板

7.3.1　工作区介绍

Power BI 用户有时会根据组织结构组织其工作区，或者为特定项目创建工作区。创建好工作区后，在 Power BI Desktop 中创建的报表可以发布到 Power BI 在线服务相应的工作区内，如此有权限的用户即可访问发布后的报表。下面介绍一下如何创建新的工作区。

微课视频

01　在 Power BI 在线服务中，单击左侧导航栏中【工作区】右侧的【扩展】按钮，在弹出的窗口中单击【创建工作区】按钮，如图 7-40 所示。

图 7-40

小贴士

用户如果要创建和共享内容，则需要拥有 Power BI Pro 用户许可证。如果没有 Power BI Pro 用户许可证，在单击【创建工作区】按钮后会弹出图 7-41 所示的提示框。每个账号可免费试用 Power BI Pro 60 天，单击【免费试用】按钮即可开始免费试用。

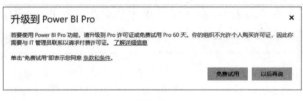

图 7-41

02　弹出【创建工作区】窗格，在【工作区名称】中为工作区指定唯一的名称（如果名称不可用，则对其进行编辑以给定一个唯一名称），如"销售数据"，还可以在【说明】文本框中输入关于该工作区的描述内容，如图 7-42 所示。

03　展开【高级】组，还可以对【联系人列表】、【许可证模式】等进行选择，这里保持默认选项，单击【保存】按钮即可，如图 7-43 所示。创建完成后的工作区如图 7-44 所示。

图 7-42

图 7-43

图 7-44

04　单击工作区上方的【设置】按钮，弹出【设置】窗格，在这里可以对工作区进行设置。如果要删除工作区，单击下方的【删除工作区】按钮，如图 7-45 所示。弹出提示框，单击【删除】按钮即可，如图 7-46 所示。

图 7-45

图 7-46

小贴士

　　用户在每个工作区内都能管理相应的仪表板、报表、工作簿、数据集、数据流。相关用户具备查看权限或编辑权限，就可以很好地进行多用户的共享与协作。

7.3.2　分享仪表板

　　共享是授予用户对 Power BI 在线服务中的报表和仪表板的访问权限的最简单的方法之一。可以实现与组织内外的用户共享。

　　共享报表或仪表板时，你与之共享的人员可查看并与其交互，但不能编辑。收件人会看到你在报表和仪表板中看到的相同数据。他们还会获取对整个基础数据集的访问权限，除非应用了行级别安全（Row-Level Security，RLS）。如果你允许，与之共享的人员还可以与其他人员共享。

共享仪表板的途径有 3 个：可以在工作区内容列表中单击仪表板标题右侧的【共享】按钮 ，如图 7-47 所示；也可以在工作区导航栏中单击仪表板右侧的 ⋮ 按钮，从下拉列表中选择【共享】选项，如图 7-48 所示；或者可以直接单击仪表板画布上方的【共享】按钮，如图 7-49 所示。

图 7-47

图 7-48

在出现图 7-50 所示的对话框后，输入需要共享的用户的邮件地址，单击【授予访问权限】按钮即可共享。

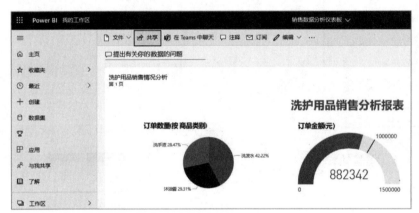

图 7-49

图 7-50

此方法适合共享给组织内的用户，因为用户具有相同的访问权限。与组织外的人员共享时，用户会收到带有指向共享仪表板的链接的电子邮件，他们必须登录 Power BI 才能查看仪表板。如果他们没有 Power BI Pro 的许可证，则可以在单击链接后进行注册。

拓展 阅读	分享与协作
	协作共享通常用来描述团队共同完成一件事情时，成员各司其职、相互配合，达成某一个目标的过程。协作共享包括两个方面：协调配合与信息共享。协调配合是指在完成自己工作的情况下兼顾整体工作的进度，信息共享则是指共享每个部门工作的完成情况，以便管理者统筹推进项目进度，制订生产计划。随着社会的发展，团队的协作共享精神变得尤为重要。团队的力量是无穷无尽的，每个组织团体都要注重协作共享，这样更能发挥团队的作用。

章节实训

实训　创建顾客数据分析仪表板

【实训目标】

本章介绍了 Power BI 在线服务的内容，主要包括仪表板的创建与共享。为帮助大家巩固知识，提高实操能力，本实训以顾客数据分析为例，创建顾客数据分析仪表板。

【实训操作】

01　启动 Power BI Desktop，打开本实训的原始文件"实训素材\第 7 章 实训\顾客数据分析——原始文件"，将创建好的"顾客数据分析"报表发布到 Power BI 服务的【我的工作区】中。

02　登录 Power BI 在线服务，在【我的工作区】中找到"顾客数据分析——原始文件"报表，将其重命名为"顾客数据分析"。

03　将"顾客数据分析"报表的整页固定到新建的仪表板"顾客数据仪表板"中，效果如图 7-51 所示。

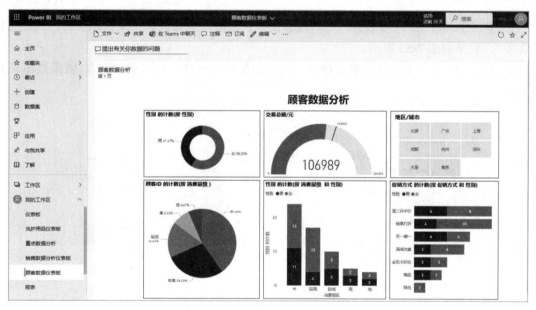

图 7-51

思考与练习

一、不定项选择题

1. Power BI 在线服务的工作区包含的内容有（　　　）。

A．报表　　　　　　　B．仪表板　　　　　　　C．工作簿　　　　　　　D．数据集

2．以下创建磁贴的方法中，正确的有（　　　）。

A．使用仪表板工具栏中的菜单按钮　　　B．将报表中的视觉对象固定为磁贴

C．在数据集的基础上创建磁贴　　　D．将整个报表固定为磁贴

3．在仪表板中可以实现的操作有（　　　）。

A．创建图表　　　B．创建磁贴　　　C．自然语言问答　　　D．评论

二、判断题

1．Power BI 在线服务中的报表有两种视图：阅读视图和编辑视图。（　　　）

2．用户只能在 Power BI Desktop 中创建报表，在 Power BI 在线服务中无法创建。（　　　）

3．磁贴与可视化图表一样，可随意调整大小和位置。（　　　）

三、简答题

1．简要介绍在线服务的内容。

2．简述仪表板的主要作用。

3．简述自然语言问答的功能。

四、实操题

1．登录 Power BI 在线服务，对"顾客数据仪表板"添加评论"女性顾客的占比比男性顾客多"，效果如图 7-52 所示。

2．登录 Power BI 在线服务，创建一个新的工作区并命名为"业管部"，效果如图 7-53 所示。

图 7-52

图 7-53

第8章 Power BI商业数据分析综合案例

前面的章节已经分别介绍了使用Power BI，从数据准备到生成报表，再到分享与协作的商业数据分析过程。为了提高读者对商业数据的综合分析能力，本章将以电商数据分析为例，对商业数据分析全流程进行介绍。

电商数据分析是目前商业数据分析中使用较多的，对于电商行业从业者而言，数据分析是电商运营过程中不可缺少的重要工作。通过对电商数据进行收集、整理与分析，电商企业不仅可以发现运营管理中的不足，而且可以挖掘客户的内在需求，从而制订差异化的营销策略，改善客户体验，最终提高成交转化率。本章中的案例结合电商行业背景，以现有数据进行处理，利用Power BI呈现可视化报表，对某企业的电商数据进行分析。

学习目标

1. 了解案例背景与行业痛点
2. 掌握商业数据准备的内容
3. 掌握商业数据建模的内容
4. 掌握商业数据分析与可视化的内容
5. 掌握整理与发布商业数据分析报表的方法

8.1 案例背景与行业痛点

【内容概述】

大数据时代下的任何商业活动，都离不开数据的支撑，那些销量遥遥领先的电商品牌不管是依靠平台，还是拥有独立的电商网站，都需要精细的数据支撑来驱动业务增长。"数据驱动运营"已经势不可当。

【重点知识】

一、案例背景
二、电商行业数据分析痛点

8.1.1 案例背景

此案例选取的是电商行业里的一家食品企业，随着企业业务的发展，其现有的报表分析系统存在很多问题：没有企业级的数据仓库；现有的数据来源于不同的电商平台；报表的性能低，用户体验差。以上问题已经造成报表系统无法满足目前各个业务部门的发展需要，给企业 IT 部门带来了巨大的压力。因此企业急需一套完善的、可扩展的 Power BI 数据分析技术，以及时观察企业经营情况，指导经营决策。

8.1.2　电商行业数据分析痛点

一般电商行业的企业在数据分析阶段都会面临以下问题，如图 8-1 所示。

（1）企业的商品可能在多个电商平台运行，因此相关人员在数据分析时，可能需要从多个系统获取数据。

（2）不同的业务部门根据各自的需求，在制作报表时对相同指标的统计口径可能不同；各部门数据相互隔离，形成数据孤岛。

（3）传统企业的报表形式单一、格式固定、制作复杂、周期长，无法满足快速更新、实时追踪的需求，且安全性较差。

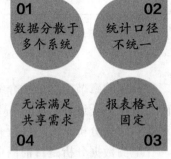

图 8-1

（4）随着办公形式的多样化，传统报表已无法满足多部门共享数据和移动办公的需求，且很难做到将所有的关键性指标放在一起，实现动态更新和实时交互，帮助决策者快速决策。

8.2　商业数据准备

【内容概述】

数据获取是数据分析的前提，在获取数据后，我们需要对获取的数据进行加工、整理，以确保数据分析的顺利进行和数据分析结果的准确性。本案例在已获得数据的前提下，将其导入 Power BI Desktop，然后进行数据的预处理操作。

【重点知识】

一、数据获取与导入
二、数据编辑与整理

8.2.1　数据获取与导入

某电商企业的销售情况不理想，没有达到预期目标，为进一步追踪原因，分析经营现状，现利用 Power BI 对销售数据进行分析。

目前该企业电商后台系统中已经积累了大量的销售数据，可以导出为 Excel 文件，包含两个平台的销售明细、商品信息、顾客信息等，如图 8-2 所示。

打开 Power BI Desktop，导入 Excel 文件中的数据，进入 Power Query 编辑器，如图 8-3 所示。

	A	B	C	D	E	F	G	H
1	订单编号	下单时间	商品编码	销售数量	订单金额/元	支付方式	顾客编码	促销方式
2	2510011511	2022/1/1 22:55	SL0009	2	64	支付宝	1254806654	会员折扣
3	2509985517	2022/1/2 22:50	Sl0003	3	54	花呗	1254806654	会员折扣
4	2509893438	2022/1/3 22:35	sl0012	2	58	微信	1293149367	满减优惠
5	2509882450	2022/1/4 22:33	Sl0016	3	90	信用卡	1300804752	会员折扣
6	2509522969	2022/1/5 21:33	SL0013	2	36	银行卡	1336135660	第二件半价
7	2509518825	2022/1/6 21:33	sl0007	3	87	支付宝	1355881776	第二件半价
8	2509451188	2022/1/7 21:21	SL0004	2	36	花呗	1377524559	会员折扣
9	2509438863	2022/1/8 21:19	Sl0010	1	18	微信	1377524559	第二件半价
10	2509425551	2022/1/9 21:17	SL0001	1	15	信用卡	1386451829	满减优惠

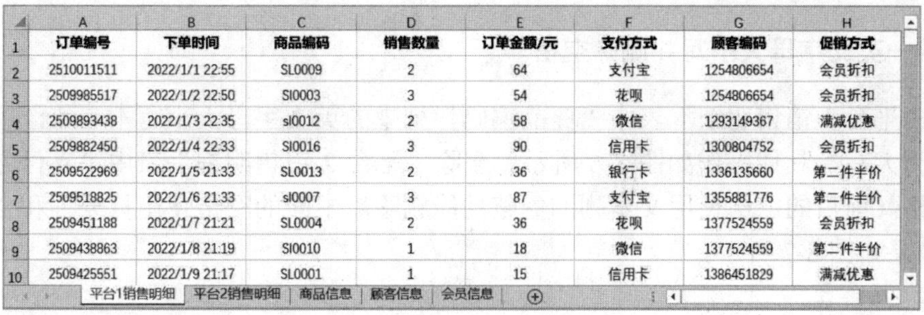

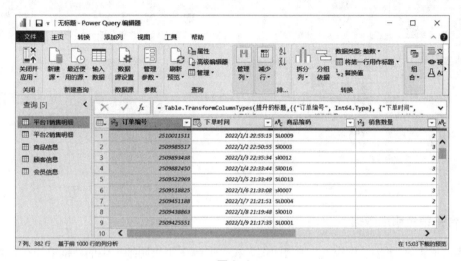

图 8-2

图 8-3

8.2.2　数据编辑与整理

1．删除空行和重复项

打开“平台 1 销售明细”表，删除表中的所有空行，具体操作如图 8-4 所示；然后删除所有重复项所在的行，具体操作如图 8-5 所示，其他表也做同样的操作。

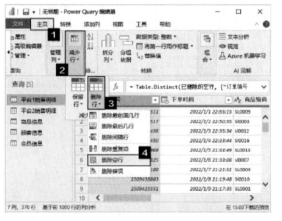

图 8-4

图 8-5

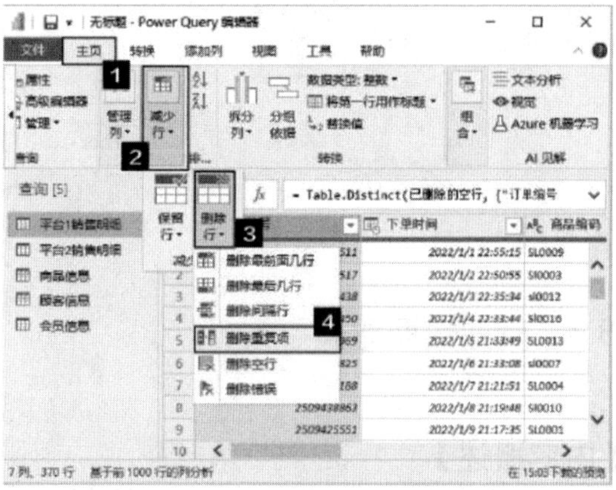

2. 统一英文字母大小写并删除空格

由于"平台 1 销售明细"表中"商品编码"列中的英文字母大小写不一致，用户需将其统一调整为大写，具体操作如图 8-6 所示。删除"平台 2 销售明细"表中"支付方式"列中的所有空格（前后的空格使用文本列的修整功能删除，中间的空格使用拆分列和合并列功能删除），效果如图 8-7 所示。

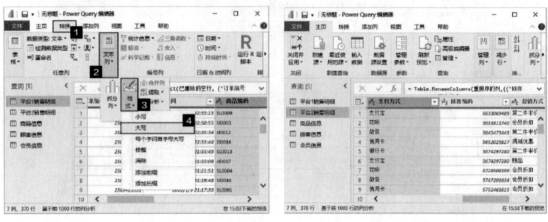

图 8-6   图 8-7

3. 合并销售明细数据

使用追加查询功能将"平台 1 销售明细"和"平台 2 销售明细"中的数据追加在新表"销售明细"中，具体操作如图 8-8 所示。追加查询完成后，将其上传到 Power BI 中，如图 8-9 所示。

图 8-8   图 8-9

8.3 商业数据建模

【内容概述】

需要分析的数据，往往并不只在一个表中，我们对这些不同的表需要协同配合使用，这时建立一个良好的数据模型可以更简单地实现数据分析的目的。接下来介绍对数据创建关系、计算和分类的内容。

【重点知识】

　　一、创建数据关系
　　二、数据计算
　　三、数据分类

8.3.1　创建数据关系

　　用户在模型视图中可以对各个表创建关系。本案例中"销售明细"表和"商品信息"表通过"商品编码"关联，"销售明细"表和"顾客信息"表通过"顾客编码"关联，"顾客信息"表和"会员信息"表通过"会员编码"关联，如图 8-10 所示。

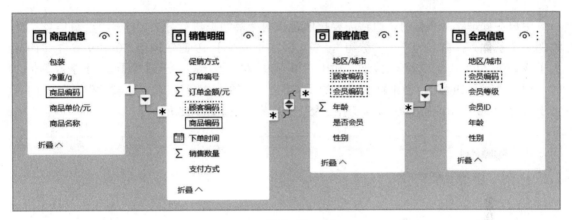

图 8-10

8.3.2　数据计算

1. 汇总每月的订单量

　　用户通过"快度量值"功能，创建"汇总"计算，以"订单编号"为基值，以"月份"为字段，汇总各月份的总订单量，如图 8-11 所示。创建完成后，将度量值重命名为"各月订单量"。

2. 汇总每月的销售额

　　用户通过"快度量值"功能，创建"汇总"计算，以"订单金额/元"为基值，以"月份"为字段，汇总各月份的总销售额，如图 8-12 所示。创建完成后，将度量值重命名为"各月销售额"。

图 8-11

图 8-12

8.3.3 数据分类

用户在处理年龄数据时，通常需要按照范围对年龄数据进行分类。打开"会员信息"表，添加一个条件列，命名为"年龄分组"，当年龄小于或等于 19 时，输出"0～19 岁"，当年龄大于或等于 20 岁小于或等于 29 时，输出"20～29 岁"，当年龄大于或等于 30 小于或等于 39 时，输出"30～39 岁"，当年龄大于或等于 40 小于或等于 49 时，输出"40~49 岁"，当年龄大于或等于 50 小于或等于 69 时，输出"50～69 岁"，如图 8-13 所示。

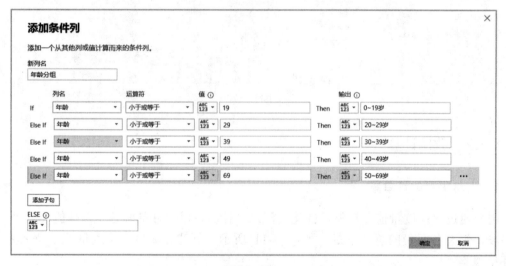

图 8-13

小贴士

数据导入、数据预处理与数据建模都是数据分析过程中非常重要的环节。本案例中的数据已经经过处理，所以操作相对简单。而在实际工作中，各环节中的操作可能会很烦琐，需要用户花费大量的时间与精力。以上环节的内容可参考第 2 章、第 3 章、第 4 章的内容，当然书中的内容并不详尽，还需要用户在实践过程中不断探索、学习。

8.4　商业数据分析与可视化

【内容概述】

用户对获取的数据进行预处理与建模后，依据电商数据分析的背景，对企业的电商数据进行销售与会员两个方面的数据分析与可视化，分别创建销售分析报表与会员分析报表。

【重点知识】

一、创建销售分析报表
二、创建会员分析报表

8.4.1　销售分析与可视化

现在根据处理好的销售数据进行销售分析。选择需要分析的关键字段和合适的图表，完成数据可视化，清晰地展示商品销售情况。

1．创建仪表图

本年度的订单量达成情况、销量达成情况和销售额达成情况，都可以使用仪表图来展示，如图 8-14 所示。

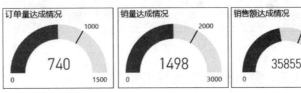

图 8-14

2．创建折线图和簇状柱形图

用户要在一个表中展示各季度的销售数量和订单金额情况，可以使用折线图和簇状柱形图。横坐标轴用来显示季度，左侧纵坐标轴用来显示订单金额数据，右侧纵坐标轴用来显示销售数量数据，如图 8-15 所示。

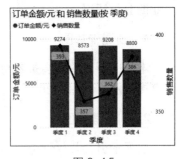

图 8-15

3．创建饼图

各种促销方式的销售额占比情况，可以使用饼图来展示。用户通过将【标签样式】设置为【类别，总百分比】就可以直接看出各种促销方式所占比重的具体数值，如图 8-16 所示。

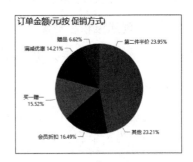

图 8-16

4. 创建簇状条形图

用户要展示各商品的订单金额及排名情况，可以使用簇状条形图，如图 8-17 所示。图中商品的订单金额从上到下由大到小排名。

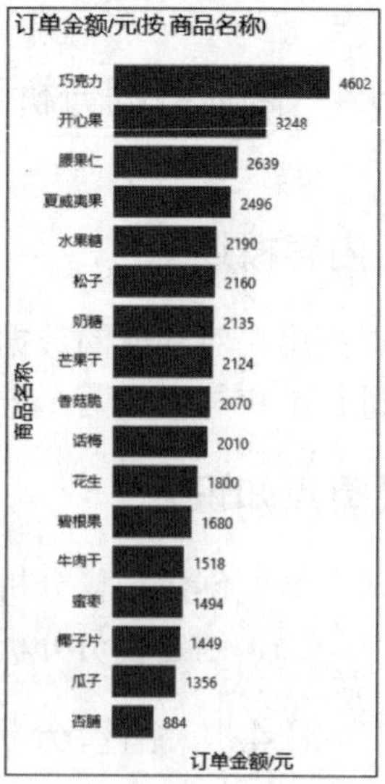

5. 创建切片器

以上创建的图表展示了所有数据的情况。如果要按照地区/城市来分析数据，用户可以创建一个地区/城市的切片器，如图 8-18 所示。该切片器采用了横向排列（可根据报表的排版需求选择），并添加了【全选】选项，可以方便用户对报表数据进行筛选。

6. 添加标题

用户要在报表画布的上方添加标题，可以插入文本框，输入标题内容"销售分析报表"，如图 8-19 所示。

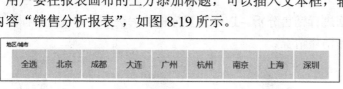

图 8-18

图 8-19

图 8-17

8.4.2 会员分析与可视化

现在根据处理好的会员数据进行数据分析。用户通过创建可视化图表，可以清晰地了解企业的会员情况。

1. 创建卡片图

本年度新增的总会员数可以通过卡片图来直接展示，如图 8-20 所示。

2. 创建圆环图

要展示男会员、女会员各自所占比例，用户可以创建圆环图，如图 8-21 所示。

图 8-20

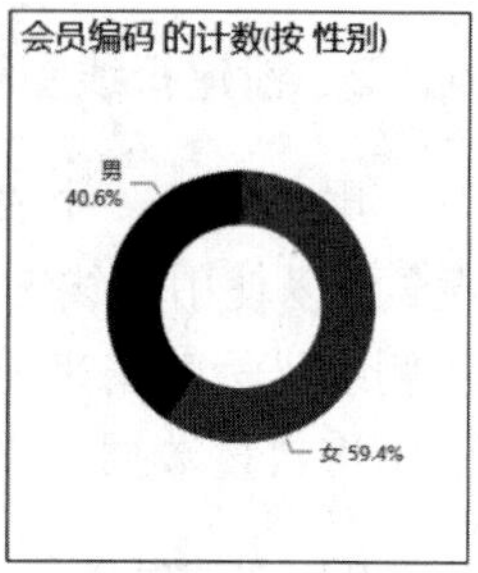

图 8-21

3. 创建堆积柱形图

要按年龄分组展示男会员、女会员所占比例，用户可以创建堆积柱形图，如图 8-22 所示。

4. 创建饼图

会员可能会使用不同的支付方式，为了直观地展示各种支付方式所占比重，用户可以创建饼图。为了节省空间，可以将数据标签显示在饼图内部，如图 8-23 所示。

5. 创建簇状条形图

要展示所有会员在地区/城市间的分布，以及各地区/城市中男会员、女会员的对比情况，用户可以创建簇状条形图，如图 8-24 所示。

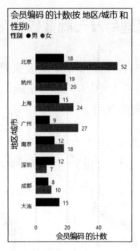

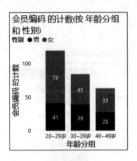

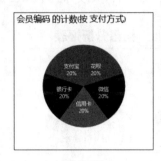

图 8-22　　　　　　　　图 8-23　　　　　　　　图 8-24

6．创建堆积条形图

会员按照消费特征可以划分为不同的等级。想要直观地展示各等级会员的总体排名情况，以及各等级中男会员、女会员的对比情况，用户可以创建堆积条形图，如图 8-25 所示。

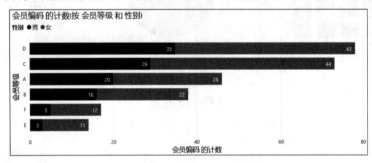

图 8-25

7．添加标题

在所有的可视化效果都创建完成后，用户需要在报表画布的上方添加标题，即插入文本框，输入标题内容"会员分析报表"，如图 8-26 所示。

图 8-26

小贴士

　　进行可视化分析时，受不同企业、不同部门、不同时期、不同需求等因素的影响，不同人员分析的重点可能会不尽相同，本节介绍的也只是在日常工作中常见的几个分析指标，并不全面，仅供读者参考。

　　由于篇幅所限，本节所有的可视化效果均没有介绍具体的创建方法，只向读者展示了其应用场景及最终效果。关于可视化对象的创建方法，第 5 章有详细介绍，读者可参考第 5 章的内容进行巩固。

8.5 整理与发布商业数据分析报表

用户在所有的可视化效果都创建完成后，对其进行排版和布局，效果如图 8-27 和图 8-28 所示。为了方便同事间的交流与共享，可将其发布到 Power BI 在线服务中，具体实现方法参见第 7 章的内容。

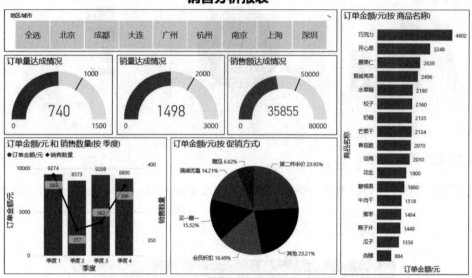

图 8-27

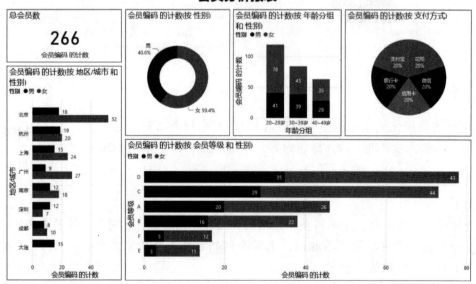

图 8-28

以上就是使用 Power BI 进行商业数据分析的整体流程：从数据获取到可视化报表的创建，再到最后的发布与分享。通过以上内容，我们对 Power BI 的使用会有一个整体的认识。

只要掌握好每一部分的内容，每个人都可以熟练制作出上面的数据分析报表。

章节实训

实训　玩具零售业案例分析

【实训目标】

本章介绍了 Power BI 电商数据分析综合案例，为帮助大家巩固知识，提高对 Power BI 的综合应用能力，本实训的主要内容为完成玩具零售业案例分析。

【实训操作】

01　启动 Power BI Desktop，打开 Power BI Desktop，导入本实训的素材文件"实训素材\第 8 章　实训\玩具零售业数据"中的所有数据。

02　数据编辑与整理。在"销售明细"表中，删除商品编码中的空格；删除"销售金额"列中的"元"，并将列标题改为"销售金额/元"，将数据类型设置为整数；删除空行。在"商品信息"表中，将第一行用作标题；删除"商品单价"列中的"元"，并将列标题改为"商品单价/元"；删除空行。在"类别信息"表中，将第一行用作标题；删除空行。整理完成后，关闭并应用数据。

03　数据建模。在模型视图中创建表间关系："销售明细"表与"商品信息"表关联，"商品信息"表与"类别信息"表关联，"销售明细"表与"顾客信息"表关联。在"顾客信息"表中添加新列，对顾客年龄进行分组（0～20 岁、20～30 岁、30～40 岁、40～50 岁、50 岁以上）。

04　数据可视化。根据本案例提供的数据，选择并创建合适的可视化对象展示销售情况。

05　报表整理与发布。将创建好的报表进行整理并发布到 Power BI 在线服务中，以便于与同事共享，如图 8-29 所示。

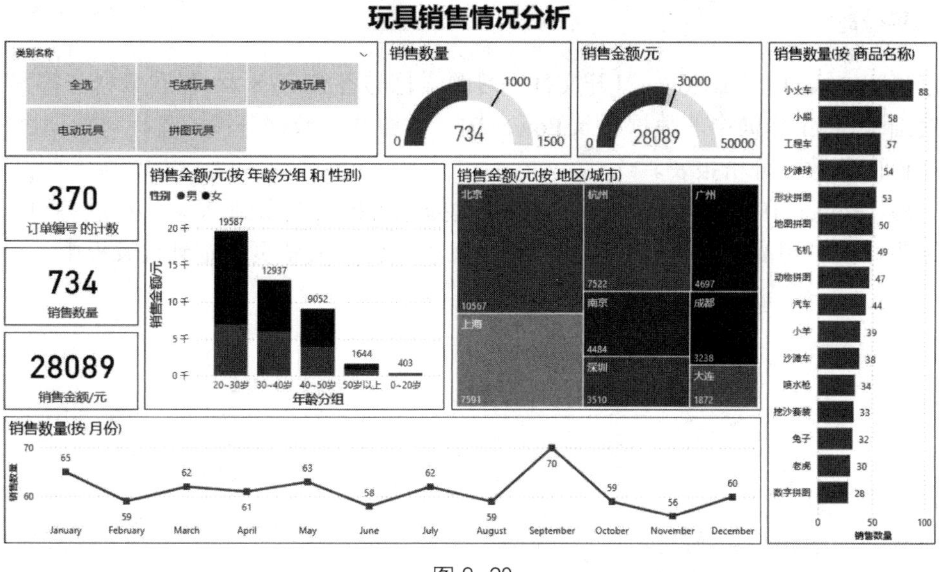

图 8-29

思考与练习

一、不定项选择题

1. 进行数据分析时，可能会受哪些因素的影响？（　　）

A. 企业　　　　　　　B. 时间　　　　　　　C. 部门　　　　　　　D. 需求

2. 以下属于电商行业的企业在数据分析阶段可能会面临的问题有（　　）。

A. 报表格式固定　　　　　　　　　　B. 无法满足共享需求

C. 统计口径不统一　　　　　　　　　D. 数据分散于多个系统

3. 使用以下哪个功能可以将两个数据表的数据追加在一张新表中？（　　）

A. 添加列　　　　　　B. 追加查询　　　　　C. 分组　　　　　　　D. 组合

二、判断题

1. 大数据时代的任何商业活动，都离不开数据的支撑。（　　）

2. 需要分析的数据，往往并不只在一张表中。不同的表之间都是相互独立的，可单独分析。（　　）

3. 在获取数据后，用户需要对获取的数据进行加工、整理，以确保数据分析的顺利进行和数据分析结果准确。（　　）

三、简答题

1. 简述电商数据分析的意义。

2. 简述电商数据分析的流程。

3. 简述电商数据分析过程中用到的分析方法。

四、实操题

1. 启动 Power BI Desktop，打开文件"习题素材与答案\第 8 章　习题素材与答案\洗护用品销售明细"，将工作簿中的数据导入 Power BI，按照商业数据分析的流程对数据进行分析，并创建一份商业数据分析报表。

2. 登录 Power BI 账号，将创建好的商业数据分析报表发布到 Power BI 服务中，然后新建一个名为"洗护用品销售数据仪表板"的仪表板，将报表整页固定到仪表板中。